托儿童哲学绘本，发生命化教育班会课程的实践研究

富士英 ◎ 合著

上海社会科学院出版社

图书在版编目(CIP)数据

依托儿童哲学绘本,开发生命化教育班会课程的实践研究 / 金育宏,富士英合著 . — 上海 : 上海社会科学院出版社,2022
 ISBN 978 - 7 - 5520 - 3985 - 6

Ⅰ.①依… Ⅱ.①金… ②富… Ⅲ.①儿童教育—阅读教学—教学研究 Ⅳ.①G613.2

中国版本图书馆 CIP 数据核字(2022)第 199604 号

依托儿童哲学绘本,开发生命化教育班会课程的实践研究

合　　著：金育宏　富士英
责任编辑：路　晓
封面设计：戚亮轩
出版发行：上海社会科学院出版社
上海顺昌路 622 号　邮编 200025
电话总机 021 - 63315947　销售热线 021 - 53063735
http://www.sassp.cn　E-mail:sassp@sassp.cn
照　　排：南京理工出版信息技术有限公司
印　　刷：上海颛辉印刷厂有限公司
开　　本：787 毫米×1092 毫米　1/16
印　　张：11
字　　数：186 千
版　　次：2022 年 12 月第 1 版　2022 年 12 月第 1 次印刷

ISBN 978 - 7 - 5520 - 3985 - 6/G · 1216　　　　　　　　　定价:65.00 元

版权所有　翻印必究

序 一

走向两个百年梦的新时代中国,人才的培养和教育的变革,立德树人是任务,综合改革是方向,五育并举是杠杆,培养德才兼备、全面发展、担当国家和民族复兴大任的时代新人则是灵魂。

新时代的人才,不仅需要掌握更多的知识,更重要的在于激发自己对智慧的热爱与追求,养成正确思考的习惯和方法,尤其是利用好所掌握的知识为社会创造更多的财富,并为自己的人生幸福注入不竭的动力和源泉。因此,新时代的人才培养,需要从"学会成长"和"终身成长"的角度提出适合于学生成长的办学理念,创设丰富的育人环境,提供创新的教学内容和教学方式,围绕"做人做事,什么才是正确的"的选择,鼓励学生学会用"智慧的思考、言说和行动"去面对日常生活、学习生活中的人和事。

"爱智慧的学问"即哲学,是对智慧的热爱和追求;智慧的动力源自好奇和创新,好奇心则是儿童的天性,儿童和哲学之间由此构成了天然的关系。1969 年,哥伦比亚大学教授马修·李普曼的著作《哈利·史图特迈尔的发现》出版,成为"儿童哲学"诞生的标志。在大学任教期间,他发现大学生的思考能力普遍比较弱。经过深入研究,他认为儿童时期的教育方式与思维能力的发展存在着密切关系,于是他决然辞职,创办了儿童哲学研究所和哲学教室,开启了儿童哲学教育的探索之路。20 世纪 80 年代后,儿童哲学研究开始在欧美主要发达国家兴起;进入 21 世纪,儿童哲学和儿童哲学教育运动在全球范围内迅速发展。

1980 年,美国哲学家马修斯在《哲学与儿童》一书中指出,儿童能够自然而然地提出问题,发表评价,甚至进行哲学式的思考。这种思考始于儿童对生活中的迷茫与困惑的疑问和推理,并且常常以游戏的方式与儿童的日常生活相互关联。因此,儿童是天生的哲学家,他们充满好奇,常常不经意间提出一些具有"哲学思考"的问题。例如:我从哪里来? 人为什么要撒谎? 人类比动物高级吗? 但是,伴随儿童年龄的增长,他们的好奇心逐渐减少,问题和思考逐渐单一,儿童的智慧因为渐重的学习负担、作业和考试的压力,渐趋压抑甚至消失。

如何激发儿童的智慧和探索精神不受学业压力、作业和考试的限制,如何让儿童的思考能力持续保留到大学乃至终身,成为世界范围内思考和探索的重点。上海市三灶学校(以下简称"三灶学校")汇编的《依托儿童哲学绘本,开发生命化教育班会课程的实践研究》提供了一个极具创新价值和实践意义的案例。

该绘本读物是在金育宏校长的带领下,一些教育工作者在对学生和家庭进行调查的基础上,广泛动员全校师生,经过多年的思考、观摩、研讨、互动、实践探索、持续修改而成。

校本教材的编写,理念是灵魂。在思考和探索该绘本读物的过程中,三灶学校逐渐明确了以下指导思想,作为编写该绘本读物的教育理念:

第一,教育的本质是"唤醒",是激发学生自由探索,唤起公民的责任,激励远大的志向,养成独立思考和自我觉知的习惯,从而奠定终身学习的基础,赢得幸福人生的能力。

第二,教学的核心是"互动",学生的进步与发展只有在可持续的课堂教学互动过程中,在师生之间平等交流、智慧碰撞、思想激励的过程中,才能实现知识技能的有效性、过程与方法的有效性以及情感态度价值观的有效性。

第三,儿童哲学可以引导儿童学习如何思考,从而唤醒其潜在的智慧。好奇心是儿童的天性,意味着儿童的心灵富有弹性,如何维护和激励富有弹性的心灵?如何激发儿童深层次思考的可能?儿童哲学给出的答案是:保持提问精神对于深度学习、独立思考、自由探索,具有很重要的价值。

在明确了绘本读物编写的基本理念之后,如何选择适合儿童的内容、方式和方法,从而激发儿童的批判性、创造性思维方式,帮助儿童成为有创见、善于思考、富有理性和个性的个体,涉及教学内容的适切性、实用性和可操作性。该绘本读物提供了大量实用而丰富的内容,是三灶学校长期以来实践经验的结晶,展现了学校拓展课程的特色,不仅便于本校师生的传承,也为同类学校提供了可资借鉴的教学资源。该教材有三大特色:

第一,以生命教育为基点。儿童哲学所涉及的主题非常多,生命则是人类永恒的主题。学生们亲历了新冠肺炎疫情对人类生命的影响,三灶学校选择生命这一主题来切入,具有很强的现实意义。生命是宏大的主题,它涵盖了人类从出生到死亡的整个过程和这一过程中所涉及的各个方面,既关乎人的生存与生活,也关乎人的成长与发展，更关乎人的本性与价值。倘若用一般性的方式进行生命教育，易流于空洞与说教，而绘本能借助图画、故事、色彩在潜移默化中引导儿童关注与思考生命的真谛，深奥的生命教育由此可以让教师教得顺手，学生学得容易。从小学一年级到五年级，用不同层级的绘本，启发学生认识生命的起源、成长、高峰、衰落与死亡，引导儿童学会认识自己、悦纳自己，面对并接受生命的成长与消亡。这是对生命的教育，是为了生命的教育，也是立于生命的教育。

第二，家校协同育人。三灶学校以生命教育为基点，建构起一套非常有特色的家校社区协同育人体系。该体系以绘本阅读为中心，将家长、儿童、学校、学科、教师与社区等教育资源整合在一起。比如，参与学校绘本项目的书目选择，组织家庭绘本阅读沙龙，家庭与学校协同育人；同学之间交换绘本图书，促进生生之间的交流；班级绘本角、校园绘本亭增进了不同年级儿童的交往；将绘本阅读课纳入青年班主任工作室的培训课程中，促进了教师绘本教学经验的流动以及绘本与不同学科的融合；联合社会公益组织，促进了社区儿童绘本阅读工程的建设……从而形成了正向教育共同体的合力。

第三，充满互动探索。在绘本阅读课上，不同的线条、形状与颜色将儿童带入不同阶段的生命场景中。图片不仅仅是图片，它还是丰富的语言世界，是创造的空间。儿童在提问、倾听、思考、表达的过程中，其注意力、想象力、表达能力、思考能力、共情能力以及审美能力都会被积极地调动起来。在对生命哲学充满灵性的实践体验中，学生们会收获对生命这一概念的具象化、情感化的独特体悟。在这样的课堂中成长起来的孩子们，爱思考、能思考、会思考，他们的生命能得到滋养并且会不断地丰盈起来。

看似关乎宇宙、生命、世界、人生、死亡等的宏大问题，经由一幅幅充满情趣、色彩、结构的图片，调皮和生动的文字来展现哲学思考，融合于儿童的每日生活中，成为儿童生活与思考的一部分；经由教师与儿童的对话，有效锻炼了儿童的自由探索、批判性思考和创造性思维，这是促进儿童爱智慧的能力和思维逻辑发展的主要途径，也是儿童学会成长和终身成长的基础。

华东师范大学教育学部教授、博士生导师　马和民
2021年10月25日

序　二

　　儿童哲学绘本课程在我校推广至今，得到了广大教职员工和校外各界名优名导的倾力相助，取得了一定的发展和良好评价。

　　《晋书》有曰："观《老子》之书，虽博有所经，而云'有生于无'，以虚为主，偏立一家之辞，岂有以而然哉！"

　　《史记·报任安书》有载："究天人之际，通古今之变，成一家之言"。

　　这"一家之辞"或者"一家之言"，在作为一线教育工作者的我看来，其实就是源于生活的点滴概要。本书概括的则是"唤醒"教育的本质，让学生通过对各层级绘本的学习探究，激发自主探索世界的兴趣，养成独立思考和自我觉知的习惯；"掌握"教育的核心——教是为了不教，那就得师生平等交流、智慧碰撞、思想激励，在互动互助中潜移默化地完成知识结构的传承与拓展。

　　好奇心是儿童的天性，好问则是儿童认知世界的通途，"爱智慧的学问"即是哲学。由此，儿童与哲学，二者之间的关系天然就是源自好奇心和创新力的驱动下对智慧的热爱和追求。而运用贴近生活的方式，以游戏的手法将生活的哲学融会贯通到教育中，让儿童能够自然而然地提出问题、发表评价，甚而至于进行哲学式的思考，那他们的视界、他们的思想苑囿则是浩渺的、无限的。

　　那么，能否选择到适合于各个阶段的儿童发展所需的哲学绘本就成了检验课程实践成功与否的重要内容。我校选择生命这一主题来切入，结合同学们对新冠肺炎疫情的了解、对抗、规避等系列过程，从小学一年级到五年级，用不同层级的绘本，启发学生认识生命的起源、成长、高峰、衰落与死亡，引导儿童学会认识自己、悦纳自己，面对并接受生命的成长与消亡，最终达到正视生命、重视生命、珍爱生命的目的。

　　而"文武兼修，启智尚美"，作为我校一贯的办学理念，将儿童哲学的进程进一步地诠释了一遍。"义武兼修"，指的是既重视培养学生的人文素养（包括文化和艺术修养），同时重视对学生各类技能的训练。"启智尚美"，是指发挥学生的主观能动性和聪明才智,激发学生学习兴趣,主动学习,同时崇尚美好,陶冶学生的情操,塑造学生的心灵。

　　本书涉及的课程内容不仅具有实用性,而且有足够的可操作性。其大量实用而丰富的内容,是我校长期以来实践经验的结晶,既展现了我校拓展课程的特色,又能激发儿童的批判性、创造性思维模式。此外,本书涉及的课程内容对帮助儿童成为有创见、善于思考、富有理性和个性的个体也起到了一定的作用。

　　这是本校师生文化理念传承的信物,相信也能为同类学校提供可资借鉴的教学资源。希望大家都喜欢、受用!

　　愿与大家共勉。

上海市三灶学校校长　金育宏

目录

序一   马和民   1

序二   金育宏   4

第一部分   理论篇   1

第一章   "基于绘本的儿童哲学教育课程在我校的开发与实施的研究"项目申报   3

第二章   基于绘本的儿童哲学教育课程在我校的开发与实施的研究   9

    第一节   课程设计原则   9

    第二节   课程教育目标   11

    第三节   课程实施及评价   15

第三章   "基于绘本的儿童哲学教育课程在我校的开发与实施的研究"课程总结   20

    焕发生命活力   提升生命质量

        ——"基于绘本的儿童哲学教育课程在我校的开发与实施的研究"项目总结报告   20

    文武兼修，启智尚美

        ——上海市三灶学校迎接新优质创新试点学校随访工作简讯   36

第四章   "基于绘本的儿童哲学教育课程在我校的开发与实施的研究"课程随感   38

    两个小故事告诉你，为什么要学儿童哲学   富士英   38

    让绘本开出生命之花   沈澍煜   40

    点亮心中那道光   金育宏   43

    以儿童绘本阅读启智润心

        ——乡村小学德育的有效途径之一   富士英   50

第二部分　实践篇　59

第一章　走近生命的起源　61
《小威向前冲》教学设计　沈澍煜　66
《我是女孩，我弟弟是男孩》教学设计　卫黎敏　73

第二章　尊重生命的成长　81
《我有友情要出租》教学设计　沈依妮　86
《雪地里的脚印》教学设计　黄春华　94
《是谁送的呢》教学设计　沈祎妮　103

第三章　攀登生命的高峰　111
《克里克塔》教学设计　沈忆念　115
《妖怪山》教学设计　桂丽晨　122

第四章　理解生命的衰弱　129
《猜猜我有多爱你》教学设计　赵樱子　133

第五章　直面生命的流失　140
《活了100万次的猫》教学设计　富士英　145
《獾的礼物》教学设计　朱秀丽　151
《爷爷变成了幽灵》教学设计　朱佳仪　158

专家寄语　165

第一部分

理论篇

第一章 "基于绘本的儿童哲学教育课程在我校的开发与实施的研究"项目申报

头顶星空,脚踏实地
——上海市三灶学校新优质创建工作的阶段总结和 2021 年创建项目交流

一、学校概况

上海市三灶学校是一所地处远郊农村,于 2003 年 8 月由原三灶中学和三灶小学合并而成的九年一贯制学校。学校自合并以来,经历了中小合并的"磨合期"、成功教育的"托管期"、自主办学的"发展期",于 2011 年被评为第一批上海市新优质学校。学校现有教职员工 143 人,专任教师共 120 人。现有教学班 45 个,学生 1 598 人,其中 58.7%的生源为外来务工随迁子女。

二、办学理念与培养目标

(一)学校办学理念:文武兼修,启智尚美

文武兼修,强调通过"文武合一"的培养模式,实现学生综合素养的全面发展,达到"启智尚美"的教育境界。

(二)学生培养目标:自主自信,健康有为

自主自信:自主即学校给学生创造平台,让学生主动地参与管理,提升自我;自信即学校给学生提供舞台,让学生自信地张扬个性,展示风采。

健康有为:健康即培养孩子"德智体美劳"全面发展;有为即培养孩子成为社会主义建设者和接班人。

三、新优质创建工作阶段总结

(一)学校管理:统筹兼顾,提升学校管理内生活力

1. 依法办学促发展

学校管理兼顾"刚性与柔性",力求使二者相结合:一方面,学校积极创建"上

海市依法治校标准校";另一方面,学校"以人为本,人文关怀",依靠全体教职工办好学校。通过"中小学行为规范示范校""未成年人思想道德建设示范校"的创建,三灶学校努力构建文明校园,提升学校品牌。

2. 干部培养显后劲

干部管理坚持"老中青"相结合,干部队伍日趋年轻化。最近几年,学校重点培养青年后备干部,共安排7位青年后备干部到部门担任主任、副主任、干事等职。干部队伍新老结合,活力与后劲不断得到激发,学校于2020年共获得12项优秀组织奖和集体项目的等第奖,背后是各部门"内生活力"提升的充分体现。

3. 家校共育护成长

学校教育兼顾家长、社区资源的相融一致,开展"家长督导日活动""家长微课堂""家长绘本团"等,在清美公司、野生动物园建立学生实践活动基地,组织学生开展公益劳动、社会考察等。家校社联动,形成教育合力,努力办好老百姓满意的家门口学校。

(二)育人文化:品学兼优,助力每个孩子健康成长

1. 传统文化显自信

我们通过实施"传统文化"品牌课程,整合校内校外各种资源,构建了"传统艺术、传统武术、校园足球"三大板块的课程体系。三大板块的课程成果均以不同形式得以展现,不仅丰富了学生的校园生活,更是传承和弘扬了优秀民族文化。足球、武术、经典诵读、舞蹈、头脑奥林匹克和创新思维等已成为学校的特色项目,学校开展的社团活动深受学生喜爱。

2. 主题活动提品行

学校扎实推进"两纲教育",促进学生身心健康成长;积极落实社会主义核心价值观教育,开展好"扣好人生第一粒扣子"主题实践系列活动,引导学生树立正确的人生观、价值观。学校落实立德树人根本任务,实现五育并举目标,依托"自主自信"模式,培养"健康有为"少年。

3. 德育队伍重培养

实现培养目标,需要一支优秀的班主任队伍,学校依托"青年班主任工作室",加强班主任队伍培养与建设,每学年都开展主题式培训。回顾十年"青班"之路,工作室先后走出了多名浦东新区优秀班主任、区十佳班主任,还有两名上

海市优秀班主任。教师们还积极参与市、区各类课题实践研究,并在各类刊物上发表论文案例若干篇。工作室的优质后浪桂丽晨老师在"星星火炬,薪火相传"2020年浦东新区少先队辅导员技能大赛中荣获一等奖。她同时在"青骄第二课堂"上海市禁毒主题教育课上获得一等奖,目前正在积极备战全国赛。

(三)课程教学:文武兼修,确保办学理念有效落实

1. 课程实施抓"三化"

学校在落实教学常规,加强过程监督的过程中做到"三化",即教学常规检查实质化、听课调研常态化、质量分析常规化,从而确保课程实施的质量。

2. 启智尚美建课程

根据学校发展规划中关于开展"启智类""尚美类"课程建设的需求,学校开始尝试开展拓展型校本课程的品牌化打造。

3. 武术课程成特色

开设武术课程,是落实学校办学理念的要求,也是完成学校发展规划的目标的需要。为此,学校开设了武术课,排练武术操;开展一系列与武术相关的竞赛、展示、比赛,布置校园环境,以浓厚的文化氛围吸引学生;编写教案,规范指导。武术已成为学校的一门特色课程,并在区域内具有一定的影响力。

(四)教师发展:德才兼备,帮助青年教师专业发展

1. 读书活动提素养

教师只有"学而不厌",才能"诲人不倦"。为此,学校在青年党员和入党积极分子中成立"青年教师悦读社",目的就是希望教师"读好书,多读书,同分享,共提高"。

2. 任务驱动促成长

学校组建了青年教师工作坊,依托工作坊平台,重点关注青年教师成长,并把见习教师的培训作为重点工作内容之一。对于青年教师的培训,学校始终坚持"任务驱动"的做法,促进青年教师成长。

3. 多措并举助发展

学校坚持"以校为本"的研修模式,多措并举帮助青年教师专业发展,主要的研修模式有师徒结对、学科听课团、行政听课、专家引领、主题式教研、四课联动等。实践证明,这些研究模式取得了良好的效果。仅2020年一年,我校青年教师就在各类教育教学评比中有7人次荣获一等奖。

四、2021 年创建项目设计与实施计划

（一）项目背景

在积极参与上海市新优质学校集群发展的过程中，通过学校自主实践和向其他学校学习，三灶学校在不断地成长。上海市新中考改革方案已于 2018 年 3 月正式出台，"学生综合素质评价"在此轮中考改革中占据重要位置，未来教育更加看重学生的综合能力。学校如何根据学生个性、尊重学生需求开展多元化课程体系的建设，如何进一步开发健全完善校本课程，一直是我们在思索的问题。尤其是庚子年这场突如其来的疫情，折射出中国很多家庭教育和独立思考教育的缺失。学会如何在鱼龙混杂的海量信息中甄别、筛选、归纳和整合，最终形成自己独立的思考和判断，也就成了未来公民的核心竞争力所在。这也正是我们开设儿童哲学绘本课程的初心。

如前所述，三灶学校学生几乎都是本土乡民和外来务工人员的子女，父母文化水平绝大多数在初中及以下，无法给予子女优质的家庭教育。这就要求学校充分挖掘教育资源，"基于绘本的儿童哲学教育课程在我校的开发与实施的研究"课程建设项目有效地弥补了家庭教育资源的不足。这不仅是由家庭教育资源匮乏决定的，更是由绘本书本身的特点决定的：绘本中要读的绝不仅仅是文字，而是要从图画中读出故事，了解哲学道理。著名心理专家郝滨老师认为："如果家长能有意识地选择一些优秀的绘本和孩子一起阅读，既有助于孩子建构精神世界，促进其心智发展，又有助于培养孩子良好的道德品质和行为习惯。善加使用，可以在人的一生中起着奠基的作用。"的确，绘本中高质量的图与文，对培养孩子的认知能力、观察能力、沟通能力、想象力、创造力，还有情感发育等，都有着难以估量的潜移默化的影响。

该课程项目也与学校的办学理念相契合。三灶学校的目标是培养"自主自信，健康有为"的学生，要求教师能做学生"启智尚美，文武兼修"的引导者。

（二）概念界定

儿童哲学(Philosophy for Children)诞生于 20 世纪 60 年代的美国，由时任哥伦比亚大学哲学教授的马修·李普曼(Matthew Lipman)提出和倡导。儿童哲学不同于我们所理解的传统意义上的哲学，它不是一门为了培养专门的哲学家而设立的课程，而是一种以发展儿童思维能力、学习能力并对培养儿童主动思考习惯有着极大作用的教学方法，它更关注于儿童逻辑推理技能的训练。

(三)研究内容

1. 以儿童绘本为载体,培养儿童具有"P4C"思维能力和思维品质的实践探索

儿童在专业培训师的引导下,学会提问、倾听、思考、表达、选择,最终重新建构对某一概念甚至是对整个世界的认知。在此探究过程中,儿童逐步培养并建立关爱式思维(caring)、批判性思维(critical)、合作式思维(collaborative)以及创造性思维(creative)四种核心素养思维能力和思维品质。

2. 研究形成适合学校工作实际的一系列绘本阅读教学案例

绘本阅读课与传统学科的教学不同,要求教师从哲学的视角,引导儿童从多种角度进行探究,若教师不具备一定的哲学素养是很难胜任此项工作的。项目组对有关教师进行有针对性的培训,通过邀请专家示范、组织集体备课、试教磨课等途径,不断总结、完善课堂实践的策略,增强教师在课堂中的应对能力,有效解决课堂生成问题,最终形成一系列绘本阅读教学资源。

3. 通过绘本阅读教学的开展,提升青年教师的教育专业能力

绘本中要读的绝不仅仅是文字,而是要从图画中读出故事,进而欣赏绘画。通过课题研究,在骨干教师的引领下,青年教师的教育教学能力进一步提升,这有助于他们具备培养学生综合能力的素养——学会培养孩子的认知能力、观察能力、沟通能力、想象力、创造力,关注孩子的情感发育,能培养孩子良好的道德品质和行为习惯,能在潜移默化中对学生产生影响,从而提升教师的哲学素养,促进授课教师的专业成长。

4. 提高学生家长的素质,丰富家庭教育资源

结合学校日常开展的家长微课堂活动,鼓励和支持部分家长走进绘本阅读课堂,组织家庭儿童绘本阅读沙龙活动,采取"以内引外,以点带面"的推进方式,在校园、家庭、社区形成阅读绘本的燎原之势。各年级学生阅读序列见下表。

各年级阅读序列

年级	主题	目标	推荐书目
一年级	生命的起源	认识自己,悦纳自己	《小威向前冲》《我是女孩,我弟弟是男孩》《我宝贵的身体》
二年级	生命的成长	教养规则,学会交往	《别想欺负我》《我有友情要出租》《是谁送的呢》

(续表)

年级	主 题	目 标	推 荐 书 目
三年级	生命的高峰	责任担当,关注自然	《动物绝对不应该穿衣服》《喂,小蚂蚁》《妖怪山》
四年级	生命的衰弱	关心长辈,感恩教育	《外婆变成了老娃娃》《爱心树》《猜猜我有多爱你》
五年级	生命的死亡	直面死亡,坦然接受	《活了100万次的猫》《獾的礼物》《爷爷变成了幽灵》

(四)研究过程

本研究分三个阶段完成,时间跨度为两年(2021年4月—2023年3月),研究步骤如下:

1. 2021年4月—5月　成立项目组,小组分工,收集和分析有关文献资料,梳理制订研究方案,明确研究内容和方法。

2. 2021年5月—2022年12月　专家指导课程开发,根据所确定的主题制定不同年级的活动目标,集体磨课,完成教学设计,各年级开展课堂实践活动,撰写活动反思与工作体会,完成项目中期总结工作。

3. 2022年12月—2023年3月　小组交流,形成研究报告,完成项目实施总结,为验收鉴定做好准备。

"学校如以教育为其使命和目的,就应该全力帮助儿童去发现、获得与自己生活经历相关的各种事物之意义。事物的意义不可能进行分配,不可能由谁交给儿童。事物的意义只能靠自身的努力去获得。我们必须学会创造条件和机会去帮助儿童,使其能够借助于自己天生的好奇心和求知欲去抓住适当的线索,努力弄懂周围的事物……我们必须设法帮助儿童自己去获取事物的意义。要达此目的,只靠学习成年人的现成知识是难以办到的。应该要教会儿童思考,特别是独立思考。思考是帮助我们获得事物意义的最重要工具。"[1]

---

[1] [美]马修·李普曼.教室里的哲学[M].张爱琳,张爱维,编译.太原:山西教育出版社,1997.

第二章 基于绘本的儿童哲学教育课程在我校的开发与实施的研究

第一节 课程设计原则

让儿童成长是课程的目的,儿童哲学与绘本阅读课程应该为儿童的成长提供有益的经验,主要让儿童了解什么是哲学以及哲学思考。通过绘本阅读、游戏体验等多种方式,儿童可以轻松愉快地学习;儿童借由阅读文章、故事辨析以及讨论问题的方式,得以启发、刺激自己的思考能力。在讨论的过程中,教师应学会让儿童学习表达、聆听、分享……使儿童发现一些新的想法,提出新的问题,并帮助他们厘清概念,最终的目的是通过师生、生生的互动,建立儿童哲学思考的基础,培养正确的价值观。

因此,课程的设计要遵循以下三条原则。

一、提问与讨论核心的策略

探究是从问题开始的,因此儿童哲学与绘本阅读课程设计注重培育儿童的提问习惯,将课堂的讨论权交给儿童。教师所提问题尽可能是开放的、根本的,有助于儿童发现并升华生活的意义,从而起到示范的作用。同时,教师的提问应该渗透于整个对话过程中。教师需要掌握针对性、生成性和适度性原则,把握提问的恰当时机(学生有困惑时、对话陷入停滞时、思维僵化时),讲究方法和策略(直接诱导、无中生有、故唱反调、由此及彼等),这样才能真正起到激发儿童的观察力、发展儿童的审辩力和创造力的作用。

二、理智与情感整合的策略

在儿童哲学的课堂中,既需要训练儿童的审辩、创造、表达和合作的能力,也需要关注并发展儿童的情感,使儿童在探究的过程中获得理智和情感的双重愉悦。因此，教师可以充分利用绘本等具有审美色彩的材料作为启动载体，鼓励儿童分享自己的生活故事、谈论自己的真实体验，合理处置和引导共同体的情感。

三、具体与全面兼顾的策略

儿童哲学的教学，教师应运用生活情境和生动活泼的游戏等创设一个动态、开放、团体性的学习过程，从而助力学生的全面发展，帮助其形成科学的世界观和方法论，挖掘其各种思维潜能，培养其多元的思维结构；同时，在制定具体的教学目标时，教师要根据儿童哲学课程的总目标，针对学生的认知结构、能力水平、生活阅历和兴趣习惯等，分别对低、中、高不同年龄段的学生，实施不同主题的儿童哲学教育。

第二节 课程教育目标

三灶学校的办学目标是培养"自主自信,健康有为"的学生。为此,学校多方位地为学生创造"自主"发展的平台,让学生主动地参与管理,培养主人翁意识,增强自我管理能力;学校为学生提供自我展示的舞台,让学生"自信"地张扬个性、展示风采;学校开设多种特色项目的课程,力争让学生成为身体健康、人格健全、德智体美劳全面发展的社会主义建设者和接班人。儿童哲学与绘本阅读课程就是其中的特色项目课程之一。

儿童哲学与绘本阅读课程是以儿童绘本为载体,旨在发展本校儿童的思维能力、学习能力,培养其主动思考独立思考的习惯,达到逻辑推理技能的整体提升,让他们学会提问、倾听、思考、表达、选择,培养他们的批判性思维、创造性思维、关爱式思维以及合作式思维能力和品质,最终重新建构对生命甚至是对整个世界的认知。

批判性思维(critical thinking):思考自己为何这样想、别人为何那样想等。

创造性思维(creative thinking):探究能不能有原创性的想法,因为哲学强调的是能否创造出属于自己的东西。

关爱式思维(care thinking):当进行团体性讨论时,是否顾虑到别人的感受。

合作式思维(cooperative thinking):能否参与群体活动,协作互助,相互碰撞出各种火花,甚至通过协商达成某种共识。

儿童哲学注重提升儿童对"哲学大观念"的理解力,实现认识上的进步,即不断逼近可能的真理;促成儿童在情感态度价值观上的变化,特别是其情商的各个层面上的发展;最终实现儿童在行为习惯和实践方式上的改变。同时,儿童哲学与绘本阅读课程目标的确立还需要聚焦如下几点:课程目标与课改理念相结合;课程目标与学校办学目标相结合;课程目标与课程特点相结合;课程目标与学生现状相结合;课程目标与学生发展相结合。基于这样的思路,我们提出了三灶学校小学儿童哲学教育课程目标:引发学生思考,开发学生的智力,并制定了儿童哲学教育课程的一级目标:认识生命。

生命教育,主要是对人之诞生、成长、发展,对自然之起源、演变的人文探究,一种对"生"之灵动的体验,对生命之爱、敬、畏、惜的涵养和向生活的回归。小学阶段作为生命发展的关键期,孩子们的世界观和人生观尚未形成,关于生命、关于自己,他们都缺乏相应的认识与关注,因此从小对他们开展生命哲学教育是十分必要的。

在一级目标"认识生命"确定的基础上,我们又制定了二级目标,包含五个方面的内容,意在通过对儿童哲学教育课程的学习使学生能认识自己、悦纳自己;知晓教养规则,学会与人交往;知道担当责任,能关注自然;懂得关心长辈,感恩他人;能直面死亡,坦然接受不幸。确立了二级目标之后,我们针对低、中、高不同年龄段学生的年龄特点,在不同的年级选择确定了不同的课程内容,组织任课教师全员参与学材的开发和编制,各年级学生阅读序列见下表。

各年级学生阅读序列

年级	主题	目标	推荐书目
一年级	生命的起源	认识自己,悦纳自己	《小威向前冲》《我是女孩,我弟弟是男孩》《我宝贵的身体》
二年级	生命的成长	教养规则,学会交往	《别想欺负我》《我有友情要出租》《是谁送的呢》
三年级	生命的高峰	责任担当,关注自然	《动物绝对不应该穿衣服》《喂,小蚂蚁》《妖怪山》
四年级	生命的衰弱	关心长辈,感恩教育	《外婆变成了老娃娃》《爱心树》《猜猜我有多爱你》
五年级	生命的死亡	直面死亡,坦然接受	《活了100万次的猫》《獾的礼物》《爷爷变成了幽灵》

一、课程三维目标

任课教师组织课堂教学实践,促进儿童哲学与绘本阅读课程达到三维目标:

(一)知识与技能

1. 初步认识关于生命的自然规律,学习与自己、他人、大自然相处的方法;初步学习提出问题与多角度思考问题的方法与能力。

2. 初步认识自己的身体特征与心理特征,能比较全面地认识自我;初步掌握理解问题、分析问题的方法,培养相应的理解和分析问题的能力。

3. 初步认识到每个个体个性与价值观的不同,与人交往的过程中态度方法也不同,增强学生综合分析问题的能力。

(二)过程与方法

1. 通过阅读故事、情境辨析、联系生活等方法,培养学生多角度思考问题的能力以及对真善美的感悟能力。

2. 通过角色扮演、游戏体验、小调查等活动,对话题深入理解,增强学生主动思考、合作学习的能力。

3. 通过学习、运动多种活动,展示学习成果,鼓励学生运用儿童哲学课上学到的思维方法去分析、解决生活中遇到的问题。

(三)情感态度与价值观

1. 通过对自然界中生命体的故事学习,体会到生命的神奇,激发学生热爱生命、亲近他人、珍惜生命的情感。

2. 通过对自我的认识、理解与悦纳,体会到自我的价值,养成一种积极进取、乐观向上的人生态度。

3. 走近他人的世界,了解到人与人之间的区别,感受到关爱与理解的力量,体验与他人和谐相处的快乐。

二、各年级课程学习目标

学校为不同年级的学生设置了具体的课程学习目标,见下表。

各年级课程学习目标

一级目标	二级目标	三 级 目 标
认识生命	认识自己,悦纳自己	1. 喜欢并且爱护自己的身体
		2. 喜欢自己的优点,能尽可能多地说出自己的优点
		3. 能正确认识自己,勇敢地接受自己的缺点和不足
		4. 在集体活动中不胆怯,做个活泼有生气的孩子
	教养规则,学会交往	1. 乐意在游戏或学习中与人分享、合作
		2. 能用恰当的语言表达自己的意愿,提出请求
		3. 认真听别人说话,并学会赞扬别人
		4. 在校内外交朋友,越多越好

(续表)

一级目标	二级目标	三 级 目 标
认识生命	责任担当，关注自然	1. 对大自然保持好奇心，能够独立思考
		2. 愿意走到户外，喜欢在大自然中游戏、探险等
		3. 喜欢在大自然中劳动实践，善于观察大自然的美
		4. 自愿参加呵护自然、维护自然的公益活动
	关心长辈，感恩教育	1. 长辈讲话时能认真听，并能听从长辈的合理要求
		2. 和父母意见不一致时，能温和地进行沟通、协商
		3. 能体会长辈为养育自己所付出的辛劳，产生感激之情
		4. 长辈劳累或不适时，能向长辈表达爱的语言和行动
	直面死亡，坦然接受	1. 了解死亡的原因、预防与延缓死亡的措施
		2. 懂得死亡是生命中的一个过程，每个人都要经历
		3. 懂得尊重、维护和不伤害他人的生命
		4. 珍惜自己的生命，并尽力挖掘自身潜能、实现自我价值

第三节 课程实施及评价

一、课程实施

（一）实施原则

1. 人文性原则

本课程通过感知、体验、分享、交流、体认等活动浸润，重构对生命的认知，发展提升儿童的思维能力。

2. 开放性原则

本课程的价值不在于师生追求一个标准答案，而是一个提问、倾听、思考、表达的过程，课程实施的主要任务是以儿童绘本为载体，提升学生的思维能力，探索青年班主任的培养路径。

3. 参与性原则

本课程的实施关注小学生的年龄特点，通过绘本阅读、情境辨析、角色扮演、游戏体验等方式，让学生带着问题去思考，带着思考去表达，在表达中认识体会生命的意义。

4. 体验性原则

本课程的学习不是以教师传授基本知识为主，而是围绕系列主题，鼓励学生在总体理解认识的基础上不断学习、用心体验，从而培养学生的认知能力、沟通能力、想象力等，也提高学生良好的道德品质和行为习惯，在潜移默化中浸润。

5. 合作性原则

本课程为学生创设一个团体探究的氛围，在尊重学生个性发展的前提下，重视培养孩子们的团队合作精神。

（二）组织形式

1. 校内授课与校外探究相结合

本课程在学校小学阶段实施，采用校内授课与校外探究相结合的形式，校内以学校的班会课为主线，以儿童绘本阅读课程为载体，以家长微课堂辅之；校外以社区沙龙和卧岭助学为载体开展活动，是学校学习活动的补充与提高。

2. 学材开发与课程教学相结合

任课教师全员参与学材的开发与编制工作，运用绘本学材组织课堂教学实践,并不断对课堂教学内容进行调整与完善,以提高学材的编写质量与课堂教学实践能力。

3. 模块与主题学习相结合

本课程五个主题分别对应于一至五年级,分别是:生命的起源(认识自己,悦纳自己);生命的成长(教养规则,人际交往);生命的高峰(责任担当,关注自然);生命的衰弱(关心长辈,感恩教育)以及生命的死亡(直面死亡,坦然接受)。它们紧紧围绕人之诞生、成长、发展,对自然之起源、演变的人文探究,是一种对"生"之灵动的体验,对生命之爱、敬、畏、惜的涵养和向生活的回归,引导学生重新构建对生命的认识,培养他们的批判性思维、创造性思维、关爱式思维和合作性思维。

(三) 教学设计建议

本学材的内容则由三大模块构成:其一是相关主题的基本内容介绍;其二是生命课堂;其三是体验与发现。在教学过程中,我们可以通过阅读绘本故事、复述绘本故事、角色扮演、情境辨析、提问质疑等形式,引导学生对主题进行理解、感知、体验与体认。为了帮助学生更好地理解生命的起源发展,学校也同时开展家长微课堂活动、社区沙龙等活动,鼓励和支持部分家长走进绘本阅读课堂,组织家庭儿童绘本阅读沙龙活动,采取"以内引外、以点带面"的推进方式,在校内外形成阅读绘本的趋势。

二、课堂教学评价

(一) 评价原则

1. 发展性原则

注重发挥教育、改进与激励功能,使评价的过程成为促进师生发展和提高的过程,使每一位师生获得最大限度的发展和成功;师生在儿童哲学的教学过程中,锻炼思维能力,提高思辨能力,形成基本的哲学思维和思辨概念。

2. 开放性原则

评价应坚持"价值多元性"的信念,强调的是"多元价值"和"建设性"的立场,不只限于课堂学生的课堂回答和教师的课堂教学。采用教师、同伴、学生等多角度评价的方式,全面评价学生在绘本阅读及相关方面的优点与不足,鼓励为主,注重可持续性。

3. 整体性原则

整体地、全面地、过程性地对学生的课前探索、课堂投入和课后投入进行评价。对于教师而言,课前的备课和预设、课堂的教学机智、课后的必要反思、对学生发展性评价等多方面内容,都将成为评价标准。

4. 可操作性原则

科学而有效地对教师的教和学生的学进行评价,制定一系列内容细致的评价表格,评价方式包括即时评价、阶段性评价、发展性评价、学校评价和学生评价等,以保证评价的全面、客观和有效。

(二)评价形式

1. 对学生的评价

(1)评价内容

① 思维能力评价:学生发现问题、提出问题、分析问题、解决问题等能力。

② 表达能力评价:学生能清晰、连贯、有条理地表述自己的理解和观点。

③ 合作能力评价:学生善于倾听和批判性地接受同伴的观点与意见,同时不断修正和完善自己的观点。

④ 学习态度评价:学生对课程活动的参与和投入的程度。

"儿童哲学与绘本阅读课"学生评价表(一年级)

班级　　　　　　姓名　　　　　　时间

评价内容	评价指数(最高五颗星)
我思考并了解了生命的起源	☆☆☆☆☆
我积极举手并大胆发言	☆☆☆☆☆
我积极参与讨论并聆听他人的发言	☆☆☆☆☆
我很喜欢本堂课	☆☆☆☆☆
同伴评价	☆☆☆☆☆

"儿童哲学与绘本阅读课"学生评价表(二年级)

班级　　　　　　姓名　　　　　　时间

评价内容	评价指数(最高五颗星)
我思考并知道了教养与规则的重要性	☆☆☆☆☆
我积极举手并大胆发言	☆☆☆☆☆
我积极参与讨论并聆听他人的发言	☆☆☆☆☆
我很喜欢本堂课	☆☆☆☆☆

"儿童哲学与绘本阅读课"学生评价表（三年级）

班级　　　　　　　　姓名　　　　　　　　时间

评价内容	评价指数（最高五颗星）
我思考并知道了责任与担当	☆☆☆☆☆
我积极举手并大胆发言	☆☆☆☆☆
我积极参与讨论并聆听他人的发言	☆☆☆☆☆
我很喜欢本堂课	☆☆☆☆☆

"儿童哲学与绘本阅读课"学生评价表（四年级）

班级　　　　　　　　姓名　　　　　　　　时间

评价内容	评价指数（最高五颗星）
我思考并知道了要怀感恩之心	☆☆☆☆☆
我积极举手并大胆发言	☆☆☆☆☆
我积极参与讨论并聆听他人的发言	☆☆☆☆☆
我很喜欢本堂课	☆☆☆☆☆

"儿童哲学与绘本阅读课"学生评价表（五年级）

班级　　　　　　　　姓名　　　　　　　　时间

评价内容	评价指数（最高五颗星）
我思考并知道了什么是死亡	☆☆☆☆☆
我积极举手并大胆发言	☆☆☆☆☆
我积极参与讨论并聆听他人的发言	☆☆☆☆☆
我很喜欢本堂课	☆☆☆☆☆

2. 对教师的评价

（1）评价内容

① 教学环节的科学性、层次性。

② 教学过程对课程目标的达成度。

③ 对每一个学生的关注程度。

④ 在开发和建设儿童哲学课程过程中专业水平的提高程度。

"儿童哲学与绘本阅读课"课堂教学评价表

班级：　　　　　　执教者：　　　　　　时间：

项目	序号	评价指标	评价等第			
			A	B	C	D
教师的教	1	教学目的				
	2	教学内容				
	3	教学过程方法				
	4	教学基本素养				
	5	教学即时效果				
学生的学	6	主动参与程度				
	7	思维活跃程度				
	8	同伴合作				
	9	学习效果				
精彩瞬间						

评价人：

（三）评价时间

1. 即时评价：每堂课。

2. 阶段性评价：每个主题教学结束后的作品汇报与成果展示。

3. 发展性评价：每个学期一次自评变化。

第三章 "基于绘本的儿童哲学教育课程在我校的开发与实施的研究"课程总结

焕发生命活力　提升生命质量
——"基于绘本的儿童哲学教育课程在我校的开发与实施的研究"项目总结报告

一、研究的缘起

上海市三灶学校地处远郊农村,是由原三灶中学和三灶小学于2003年8月合并而成的一所九年一贯制学校。我校学生几乎都是本土乡民和外来务工人员的子女,父母绝大多数文化水平不高,无法给子女提供优质而全面的家庭教育,这需要学校充分挖掘教育资源予以弥补。

据此我校结合生源特点和教学实际,申报了"依托儿童哲学绘本,开发生命化教育班会课程的实践研究"课题项目,并以"儿童哲学绘本教育课程"为载体,旨在探索一条儿童教育的新途径,满足学校课程体系建设和学生养成发展的需要。

（一）文献研究中阅读与借鉴

儿童哲学(Philosophy for Children)诞生于20世纪60年代的美国,由时任哥伦比亚大学哲学教授的马修·李普曼(Matthew Lipman)提出和倡导。它强调的是为儿童专门设计的教育训练计划,这个计划就是教师带领儿童亲身体验哲学讨论的过程,训练儿童严谨的逻辑推理能力。指出儿童哲学不同于我们所理解的传统意义上的哲学,儿童哲学不是一门为了培养专门的哲学家而设立的课程,它是一种以发展儿童思维能力、学习能力并对培养儿童主动思考习惯有着极大作用的教学方法,它更关注于儿童逻辑推理技能的训练。

在欧洲,深受古希腊哲学影响的欧洲哲学家给儿童哲学起的名字是 Philosophy with children。它强调的是和儿童"一起做"哲学。它是受苏格拉底和其弟子对话的启发,并不要求严谨的教育和训练,要求的是成人与儿童一起进行开放式的思维对话活动,重点在于教导儿童爱智慧,为儿童哲学研究提供了新的切入点。

如今在西方,儿童哲学已经发展到为包括幼儿园直到大学的学生在内的不同群体提供哲学探究课程,而且正在世界各地,被越来越多的国家所采用。仅美国就有 5 000 所学校在开展儿童哲学教学,近 12 万学生参加。欧洲的主要国家例如英国、法国、德国、丹麦等,儿童哲学课程更是遍地开花。

作为无用之学的哲学之用又回到了苏格拉底最初的时代。美国的教育专家斯滕博格也承认:没有一个计划像儿童哲学计划一样能够教导如此持久且可迁移的思考技巧。

1976 年儿童哲学的第一本教材由杨茂秀教授从海外引进到了台湾,随后成立了"财团法人毛毛虫儿童哲学基金会",自此台湾地区儿童哲学教育如火如荼地开展,并取得良好的社会反响。且随着两岸交流深入,2019 年厦门大学哲学系"首届两岸大学生关于儿童哲学教育与实践夏令营项目"获教育部对台交流立项,同时,杨教授带领的台湾辅仁大学成熟的儿童哲学团队及其在台湾地区各高校中的高知名度和影响力将有助于该项目的实施,以期更好地让教育资源普及到每一个孩子。

1997 年,我国云南省昆明市的铁路局南站小学以对教师进行儿童哲学培训为开端,首次将"儿童哲学"引入中国大陆。1999 年,在上海市教育科学研究院智力开发研究所的帮助下,上海市杨浦区六一小学也开始正式确立并启动"儿童哲学"实验课,这样儿童哲学问题的探讨就不再是空中楼阁。

在期盼和寻找中,2013 年江苏省特级教师王雄组织编写了一套《酷思熊》系列儿童哲学阅读绘本。这也是中国第一套面向少年儿童编写的儿童哲学绘本。有了这样的绘本作为教学资源,开展儿童哲学阅读活动的瓶颈也随之打开。我们也希望能站在巨人的肩膀上,做出更好的教育。

自儿童哲学传入至今,从知网数据来看,儿童哲学的相关文献数量开始呈井喷式增长,真正成为学术圈内(至少在教育学领域)一个不可忽视的话题,并引起社会各界的广泛关注,因此可以说儿童哲学在我国目前开始进入繁荣发展的时期。一方面 2019 年厦门大学和台湾辅仁大学联手助推儿童哲学在我国更进一步;另一方面,杭州师范大学成立了儿童哲学研究中心,主要任务就是推动儿童哲学中国模式的形成与推广。该研究中心举办了多次儿童哲学论坛,汇聚了一批哲学教授和教育专家开展儿童哲学理论与实践的研讨。并在上海、浙江、江苏等10多个省市组建了区域性的校（园）联盟，开展儿童哲学师资培训和教学推广，我国儿童哲学研究进入一个新局面。

（二）研究的理论依据

心理学研究表明，人类获取的信息有83%是来自视觉的，图像相对于文字或者其他抽象符号具有不可比拟的优势。它能优先唤起人们视觉神经的感知，并保持长时间的记忆，绘本是以"图"为主，主要诉诸视觉的媒介形式，同时又是视觉与听觉的完美结合。所以，绘本有着得天独厚的优势，绘本的主要读者群是儿童，绘本的特点与儿童的心理特点相契合。

最优化教学理论要求在一定的教学条件下寻求合理的教学方案，使教师和学生花最少的时间和精力获得最好的教学效果，使学生获得最好的发展。绘本是符合儿童阅读的主要形式，以"图"为主的绘本更为直观生动，更贴近生活，图画所传递的信息相对比较容易理解。由此可以看出，儿童哲学绘本教育课程的开发与实施会使学生获得最好的学习效果。

唯物辩证法告诉我们，任何事物的发展都是内因和外因共同作用的结果，在教学过程中，教师属于外部条件，是外因。学生是学习的内因，教师的教必须通过学生的学才能发挥作用。如果学生没有学的愿望和动机，没有主动性和积极性，教师的"教"就会由于没有学生的"学"而失去作用。因此，在教学过程中，教师只起引导作用，而学生自我发起的学习是最持久、最深刻的个体行为。教学过程只有注重知识的探究，注重情感的体验，才能引发学生的态度，才能激起学生的求知欲。儿童哲学绘本教育课程的开发与实施显然可以培养儿童学习的兴趣。

二、研究的目标、内容、方法和过程

（一）研究目标

以儿童绘本为载体，开发生命化教育班会课程，并实施教育活动，旨在培养儿童主动思考、独立思考的习惯，发展儿童的思维能力、学习能力，达到逻辑推理技能的整体提升。

运用儿童哲学为载体的理由是，儿童哲学注重提升儿童对"哲学大观念"的理解力，实现认识上的进步，即不断逼近可能的真理；且促成儿童在情感态度价值观上的变化,特别是其情商的各个层面上的发展;最终实现儿童在行为习惯和实践方式上的改变。

结合不同年级的学情,我们制定了儿童哲学教育课程的不同年级目标,让课程和孩子们的成长息息相关:

1. 一年级:生命的起源——认识自己,悦纳自己

生命教育,主要是对人之诞生、成长、发展,对自然之起源、演变的人文探究,一种对"生"之灵动的体验,对生命之爱、敬、畏、惜的涵养和向生活的回归。

小学阶段作为生命发展的关键期,孩子们的世界观和人生观尚未形成,关于生命、关于自己,他们都缺乏相应的认识与关注,因此,从小开展生命哲学教育是十分必要的。

2. 二年级:生命的成长——教养规则,人际交往

规则意识其实也正是当前我们国家倡导的四个意识中提炼出来的,二年级的孩子们逐步脱离一年级的稚气,开始学习礼仪规则,故此我们期望更好引导他们不仅仅是本年级的规则养成,甚至是以后的学习阶段乃至一辈子的做人做事的规矩。

3. 三年级:生命的高峰——责任担当,关注自然

这个年龄段的孩子是成长时期最活泼烂漫的,自然地各类矛盾也接踵而至。培养他们的担当意识,指引他们出现问题不可怕,逃避才是最可怕的,用责任担当意识为灯塔,授予他们日后学习成长过程中必须具备的品格。同时结合当下保护环境的基本国策,以及本校周边丰富的自然资源,培育他们对自然的保护意识。

4. 四年级:生命的衰弱——关心长辈,感恩教育

正如孟子曰:"不得乎亲,不可以为人;不顺乎亲,不可以为子。"作为师长,教育孩子最重要的就是教孩子学做人,学处世。做什么样的人呢? 做孝敬父母的人,做诚实正直的人,做自尊、自爱、自信、自强的人。其中教孩子孝敬父母是最主要的,是一切道德的基础,是做人的根本。

用绘本再次强调出孝亲敬老的重要,让孩子在日常小细节处体悟,让他们有一份生命的义务感和责任感,只有学会爱自己的父母长辈,孩子才会爱别人,感恩别人,这种品质的形成将会使孩子受益一生。

5. 五年级：生命的死亡——直面死亡，坦然接受

课程设计的科学性，要求我们必须进行系统的构建，我们一以贯之地从生命起源到生命结束。死亡教育在我国教育中是和性教育缺失相比肩的，死亡教育的空缺会对一些孩子造成很严重的负面影响，这也是在多年教学工作中发现的，所以我们加入这个"沉重"的环节，却又使用"欢快"的方式予以呈现，让孩子更好认识人生的句号。

（二）研究内容

1. 提问与讨论的研究

探究是从问题开始，因此儿童哲学与绘本阅读课程设计注重培育儿童的提问习惯，将课堂的讨论权交给儿童。

提问应该渗透于对话的整个过程中，教师需要掌握针对性、生成性和适度性原则，把握提问的恰当时机（学生有困惑时、对话陷入停滞时、思维僵化时），讲究方法和策略（直接诱导、无中生有、故唱反调、由此及彼等），这样才能真正起到激发儿童的观察力、发展儿童的审辩力、创造力的作用。

2. 理智与情感整合的研究

在儿童哲学的课堂中，既需要训练儿童的审辩、创造、表达和合作的能力，也应该关注并发展儿童的情感，使儿童在探究的过程中获得理智和情感的双重愉悦。因此可以充分利用绘本等具有审美色彩的材料作为启动载体，鼓励儿童分享自己的生活故事、谈论自己的真实体验，合理处置和引导共同体的情感。

3. 具体与全面兼顾的研究

儿童哲学的教学，教师应运用生活情境和生动活泼的游戏等创设一个动态、开放、团体性的学习过程，从而助力学生的全面发展，帮助其形成科学的世界观和方法论，挖掘其各种思维潜能，培养其多元的思维结构。

4. 思维能力培养的研究

以儿童绘本为载体，培养我校儿童具有"P4C"思维能力和思维品质的实践探索。

儿童在专业培训师的引导下，学会提问、倾听、思考、表达、选择，最终重新建构对某一概念甚至是对整个世界的认知。在此探究过程中，逐步培养并建立关爱式思维（Caring）、批判性思维（Critical）、合作式思维（Collaborative）以及创造

性思维(Creative)四种核心素养思维能力和思维品质。

(三) 研究方法

研究中主要运用文献研究法、行动研究法、观察法、访谈法。

1. 文献研究法

根据本课题的研究目的,通过调查文献资料获得所需资料,拓宽研究思路,开拓研究视野范围,为课题研究提供理论支撑和实践智慧。对此我们多次召开团队会议进行文献学习,同时我们也鼓励团队成员自行研究并撰写文献综述予以汇报,当然拓宽思路也是必不可少的,成员们可以自行选择关联文献进行阅读。

2. 行动研究法

在整个课题实行过程中,以行动研究为基础和重点。行动研究主张在行动中研究、对行动的研究、为了行动而研究。

行动研究主要聚焦:各年级阅读主题的制定;各年级课堂实践分层教学的实施。对此,我们制定了适合不同年级的学习目标并选择教材,然后按照从易到难、循序渐进的原则有序开展。

3. 观察法

小组采用非参与式观察,教学反思,借助于教学录像、查阅课堂实录等观察方法,根据课题研究的目的和观察表,收集和分析研究所需的资料。

4. 访谈法

在整个研究过程中,聚焦活动过程中所产生的某一特定问题,对相关教师集中进行座谈、访谈等形式,追寻问题起源,商讨解决问题的方法,完善研究内容,反思研究成果。对于教师的反思也不再局限于文字报告,我们也乐意看见教师们和学生以对话沟通的模式,在学生介入的情境下以录制视频的形式呈现。

(四) 研究过程

1. 2021年3月—2021年5月

成立课题组,进行小组分工,收集和分析相关文献资料,并由团队一致审议。在完成资料采集后,由全团队敲定研究方案,明确研究内容和方法。

任课的教师全员参与学材的开发与编制工作,运用绘本学材组织课堂教学实践,并不断对课堂教学内容进行调整与完善,以提高学材的编写质量与课堂教学实践能力。

本课程五个主题分别对应一至五年级,分别是生命的起源(认识自己,悦纳自己);生命的成长(教养规则,人际交往);生命的高峰(责任担当,关注自然);生命的衰弱(关心长辈,感恩教育)以及生命的死亡(直面死亡,坦然接受)。它们紧紧围绕人之诞生、成长、发展,对自然之起源、演变的人文探究,是一种对"生"之灵动的体验,对生命之爱、敬、畏、惜的涵养和向生活的回归,引导学生重新构建对生命的认识,培养他们的批判性思维、创造性思维、关爱式思维及合作性思维。

2. 2021年5月—2022年12月

专家指导课程开发,根据所确定的主题制定不同年级的活动目标,集体磨课,完成教学设计,各年级开展课堂实践活动,撰写活动反思及工作体会,完成课题中期总结工作。

本课程在学校小学阶段实施,采用校内授课与校外探究相结合的形式,校内以学校的班会课为主线,以儿童绘本阅读课程为载体,以家长微课堂辅之;校外以社区沙龙和"沃岭助学"为载体开展活动,是学校学习活动的补充与提高。

与之配套的,我们也制定了一系列教学明细和学生评价表(仅展示一、五年级)、课堂教学评价表,做好实施阶段的数据采集,而且数据不仅限于学生,也包括授课教师,这将使本次课题研究更加全面。

各年级阅读主题

年级	主 题	目 标	推 荐 书 目
一年级	生命的起源	认识自己,悦纳自己	《小威向前冲》《我是女孩,我弟弟是男孩》《我宝贵的身体》
二年级	生命的成长	教养规则,人际交往	《别想欺负我》《我有友情要出租》《是谁送的呢》
三年级	生命的高峰	责任担当,关注自然	《动物绝对不应该穿衣服》《喂,小蚂蚁》《妖怪山》
四年级	生命的衰弱	关心长辈,感恩教育	《外婆变成了老娃娃》《爱心树》《猜猜我有多爱你》
五年级	生命的死亡	直面死亡,坦然接受	《活了100万次的猫》《獾的礼物》《爷爷变成了幽灵》

"儿童哲学与绘本阅读课"学生评价表(一年级)

班级　　　　　　　　姓名　　　　　　　　时间

评 价 内 容	评价指数(最高五颗星)
我思考并了解了生命的起源	☆☆☆☆☆
我积极举手并大胆发言	☆☆☆☆☆
我积极参与讨论并倾听他人的发言	☆☆☆☆☆
我很喜欢本堂课	☆☆☆☆☆
同伴评价	☆☆☆☆☆

"儿童哲学与绘本阅读课"学生评价表(五年级)

班级　　　　　　　　姓名　　　　　　　　时间

评 价 内 容	评价指数(最高五颗星)
我思考并知道了什么是死亡	☆☆☆☆☆
我积极举手并大胆发言	☆☆☆☆☆
我积极参与讨论并倾听他人的发言	☆☆☆☆☆
我很喜欢本堂课	☆☆☆☆☆

"儿童哲学与绘本阅读课"课堂教学评价表

班级：　　　　　　　执教者：　　　　　　　时间：

项目	序号	评 价 指 标	评价等第			
			A	B	C	D
教师的教	1	教学目的				
	2	教学内容				
	3	教学过程方法				
	4	教学基本素养				
	5	教学即时效果				
学生的学	6	主动参与程度				
	7	思维活跃程度				
	8	同伴合作				
	9	学习效果				
精彩瞬间						

评价人：

3. 2022年12月—2023年2月

开展家长互动环节，以家长的视角进行意见收集，便于我们开展后期的总结和改进。同时召开小组会交流，完成项目总结，撰写项目实施总结报告。

在教学过程中，通过阅读绘本故事、复述绘本故事、角色扮演、情境辨析、提问质疑等形式，引导学生对主题进行理解、感知、体验与体认。

为了帮助学生更好地理解生命的起源发展，学校也同时开展家长微课堂、社区沙龙等活动，鼓励和支持部分家长走进绘本阅读课堂，组织家庭儿童绘本阅读沙龙活动，采取"以内引外、以点带面"的推进方式，在校内外形成阅读绘本的趋势。我们一方面畅通线上渠道，对于课程向家长反馈；另一方面我在确保疫情安全的情况下，邀请家长进校实际体验。也正是我们前期的不断努力，孩子们更加愿意主动与家长分享，家长也由衷感受了儿童哲学的魅力，形成了良性互动。进一步的，孩子和家长一起动手以照片、视频录制、绘画、文字等形式展现出对于我们课程的支持和感悟。

也有教师在小组会议上反馈，有些家长很是感谢我们借用绘本开展的儿童哲学，教授了孩子们家庭教育环节缺位的性教育。过去的很长一段时间里，家长都羞于解答孩子们的此类问题，现在学校教育的正确引导，让他们意识到了其中的利害，也解决了他们一直担心的一环。

三、研究的成效与结论

（一）生命化教育班会课程的开发

歌以咏志，文以载道。在前期各位学生、教师、家长以及其他社会组织的努力下，由项目组着手编纂了校本教材《依托儿童哲学绘本，开发生命化教育班会课程的实践研究》，一方面是总结本次项目开展的有益成功，另一方面也希望将更好的儿童绘本哲学教育传播出去。我们的教师一贯秉持着这样的教育理念——做有深度的教育，这不仅是对自己的学生要教得深、教得透彻，还要让教育成果由大家共享。

（二）以"大课堂"为载体的教育活动设计与实施

在绘本为载体的儿童哲学教育中，我们教授给孩子们适龄且适配文化学科的方法论，并开发了"大课堂"辅助教学。所谓的"大课堂"重点在于融合多学科。"大课堂"将原有的单一课程类似语文课、音乐课、美术课等进行融合，更好地让知识教授过程轻松,但学生掌握程度更高。比如原先的低年级在语文课程的看图写话任务中,有学生无话可写,一询问才知原因多样,"忘记了小鸟怎么叫""没见过花朵的开放""不知道蚂蚁怎么爬"等。为此我们特意研究并开发了"大课堂",由不同学科教师围绕同一主题,在满足自己教学任务的情况下做到融合。

举例来说,由语文教师先行开展对大自然的看图写话的总体布置,进而讲述接下来户外探究的相关重点,让孩子们着重观察和学习。接着由美术教师带领学生前往户外进行简笔绘画学习,同时语文教师作为助教予以关于本职课程的辅助。然后在完成简笔绘画后,由音乐教师借助环境中的自然声音引入音乐教学,最后再回到看"大自然"写话。这样的课程一改原有的单线活动,从一元到多元,从空想到互动,从平面到立体,孩子们的感官被最大程度调动起来,专注度也随着此类新鲜的模式而自然地提高,最后的教学效果也十分可喜。在儿童哲学引领下的新课程融合模式,教师们不再各自为营,互相把难点抛出来讨论,并得到语文问题的美术解,数学问题的音乐解,体育问题的英语解等。

当然,从单一角度来看,该种融合效果也很突出。孩子们知道了读万卷书行万里路的重要性,会从日常的细节出发留心注意,不再畏惧写作。语文教师们也普遍反映,在写作教学中更加得心应手。同时牵丝连带的,就是对自然世界的探究,孩子们最初是带着任务学,多少有些不情愿,现在是主动学习,主动亲近大自然去体悟,他们开拓了观察视角,丰富了想象素材,增长了自然科学本领。那带来的蝴蝶效应就是对艺术的探究,从写真到写意,从蝉鸣鸟喳到音乐篇章,我们希望打开孩子们自我探索世界的大门,做一个辅助者、旁观者、引导者,在一次次自主探究中追寻知识和智慧的盛果,一次次锻炼他们德智体美劳的全面发展。

(三)巩固家校联系,促进了亲子关系

绘本之于课程的重要性前文已经论述,但是绘本教育不能局限于课堂,也要延展到家庭。在疫情期间的线上教学中,家长的督促对孩子们掌握知识有着至关重要的作用,而同时孩子们也会把作为"监督者"的家长放置在对立面,所以我们倡议并发起了"家庭绘本坊"项目。让孩子们和家长一起选择绘本,一起阅读感悟,在欢快轻松的氛围中增加亲子感情。用绘本内容指导孩子感谢家长,反思自己的不足,也让家长学习到怎样做一个更好的引导者。我们也鼓励扩大"家庭绘本坊",让孩子们与同班或者同小区的朋友们一起分享学习,这也引燃了孩子们交换学习资料的新热潮,节约的同时却收获了亲子融洽、朋友亲密无间、知识增长的效果。"学而不思则罔,思而不学则殆",所以我们也开创性地举办"家长微课堂"活动,引导家长们过一把"老师瘾"。需要家长们事先选取并研读合适的绘本教材,在项目组导师的帮助下向孩子们授课。此项活动也着实在家长圈中引起非同一般的反响,无不称赞学校的匠心独运。同时我们也知道"三人行必有我师"的道理,在孩子们中开展报名参赛的模式,组建"小先生"课堂,让孩子们转变角色成为小老师,把自己学到的绘本知识和心得体会分享给同学们,再一次增加了同学们学习的热情,也巩固了对知识的掌握,更为教师教学提供了新的思路。

（四）调动社会资源,裨益课程开发

"得道者多助",本次项目的开展本就是对当前儿童哲学教育空白的一次有益实践。作为一所乡村学校,能力有限,为此我们联合"沃岭"公益组织打造绘本课程,他们能有效弥补学校教育模式较之于社会组织教育所存在的不足。

自然我们也需要站在巨人的肩膀上,十分感谢华师大教育学部专家古秀蓉老师来本校开展指导讲座,提示我们在项目推进过程中以及课堂实践中可能出现的问题和解决之道。古老师的指导为我校开展绘本儿童哲学教育奠定了思想之基,我们也实现了从手忙脚乱到有条不紊的质的飞跃。

课题研究依靠数据,数据支撑能让方案修正有方向,也让实践结果更可靠,更能让反思不足有突破点。而华东师范大学心理与认知科学学院刘俊升教授团队如及时雨般,为本次活动开展的数据收集、分析、加工保驾护航。在多方社会资源统筹协作下,不仅收获了本课程的胜利果实,也证明了多资源协同在儿童绘本哲学教育中的重要性。

（五）促进教师专业成长

从整体项目组来说,各位教师多了一重身份——儿童哲学导师。这也要求教师们更加注重自己的日常德行,"文为世范,行为士则"。孩子们学习哲学,学得是"爱智慧",那作为引航灯塔的导师,更需要涉猎广博充实所学,学高为师,身正为范。导师们多了一项荣耀,更多了一份责任。

从青年教师的成长来说,青年教师边学边教。学无止境,对于青年教师一方面是经验的不足,另一方面需要勇于站立时代潮流把握好新事物,并有机提炼为我所用。他们需要学习的不仅是本职学科的教学内容,也要学习能帮助孩子成长的方方面面的社会知识。关于这一点,我校青年教师结合当前国家禁毒方略和宣传侧重要求,融合儿童绘本哲学教育和以往经验,能动性地开发出了贯彻一到五年级的系统性禁毒教育。为了保护孩子更好的明天,为了国家禁毒事业有序推进,青年教师们可谓煞费苦心。正是由于青年一代的努力,我校的禁毒教育深受主管部门好评,也收获了不小的社会支持。我校桂丽晨、端倪两位青年教师分别摘得上海市青椒第二课堂小学组和初中组一等奖荣誉,其中桂丽晨老师还代表上海市出征全国青椒禁毒教育,获得"禁毒明星教师"称号。而我们青年教师在本次项目指引下指导学生工作所收获的绝非仅此而已,其奖项等级从区到市,全国性的也不在少数,全球赛事亦在囊中,内容涵盖写作、奥数、音乐、美术、科学等多方面多层次。比如我校在"诵读中国"经典诵读大赛中获小学生组优秀奖,学生们在浦东新区中小学艺术单项比赛声乐比赛、36届上海市青少年科技创新大赛、全球DI思维训练等大赛中崭露头角,取得不错的名次。这一项项荣誉背后,都昭示着我校教师的辛勤努力以及学校对孩子们教育工作的重视,我们期待本次新项目指导下的绘本儿童哲学教育,将为本校学子开辟更好的明天。

从班主任的成长来说,班级工作开展得更有序,越来越多的教师愿意参与到班级管理。大家都知道班主任不好当,唯恐避之不及。可是我校的班主任工作却在本次项目实施过程中迎来了新的春天,借助儿童绘本哲学的教育,孩子们体会到师长的艰辛不易,家长也会向孩子们讲解班主任的辛苦,所以孩子们的心境慢慢地就发生了变化,班级工作开展起来就逐渐顺利。另外,班主任通过校内教师分享会和校外专家学者的交流会掌握了多种多样的班级工作技巧,用新的理论成果和实践经验来治学管班,其器利则事善矣。而最大的进步就是不少教师提出了班主任申请,他们自发自觉地愿意去尝试班级工作,或是丰富教学体会,或是展现管班才能,这种踊跃成为班主任的局面让我校班级工作别开生面。

(六)对学生德智体美劳的全面提升。

孔子提出"礼、乐、射、御、书、数"六艺来品评学子,新时代我们对青少年成长则提出了"德智体美劳"全面发展的要求。儿童绘本哲学教育,看似是对"智"方面的要求,其实质是全面发展的方法论指导。我们不敢妄言本次课题研究能帮助孩子们提高多少多少的成绩,但是敢说在孩子们的心间埋下了能开出社会主义核心价值观的三观之花。

不久前搜狐、网易、新浪和学习强国各大媒体平台报道了我校柏小同学的事迹,原因是该同学在放学路上主动捡拾垃圾并分类投放。而后才知道他是一直都在坚持这么做，一是为保护环境贡献自己的力量，二是看到环卫工人的辛劳，三是源于家长的言传身教，他的家长不仅是我校家长微课堂的授课家长，也是社区绘本亲子阅读坊的坚定支持者。据班主任周蓓老师介绍说，柏小同学平时学习踏实认真，品学兼优，乐于助人，真诚友善，有很强的集体荣誉感，运动会上还经常为班级争光。柏小同学的行为值得每一个三灶学子学习，当然我们也相信本次的绘本儿童哲学教育，会让社会上增加更多的三灶学子风采，少年当立鸿鹄志，立始足下至千里。

四、研究的讨论

（一）目前还存在的问题

1. 绘本哲学课程教学实践经验不足，对于课堂把握欠缺

从听课以及教师反馈来看，大多数情况下都存在教师把握不够全面的情况，比如绘本故事讲得太快了，低年级学生可能一下子难以记住故事的细节内容。学生们提的问题没有全部解答，只关注了其中一个问题。还有一些提问的方式欠妥，可能不适合低年级学生的思维方式。对此我们也希望以后能有更多的机会开展绘本课，给学生带来新鲜、有意义、与众不同的课堂。

2. 教材内容隐晦，需要以更适合学生的方式展现

从《我有友情要出租》这个绘本课程来讲，对于小动物们以及大猩猩不敢主动，导致他们没成为朋友这里，故事中写得比较隐晦，需要教师引导同学们理解。如果再增加小动物们的角色互动，制作几个小头饰让同学们装扮表演，就更加能生动地体会朋友就在我们身边，应该主动地亲近、寻找朋友，才能得到珍贵的友情。因此，后续我们也会考虑将备课过程不再局限于教师，让孩子们和教师一起制作相关的头饰、道具，让他们有更多的参与感。

3. 师生互动需要更多的被关注

众所周知，教师线下教学与线上教学不同的优点便是互动的及时性和有效性，教师与学生可以在双向的提问和回答中剖析知识内核，从眼神、表情等微表情里感受彼此的联系。在师生互动的回应上还需要不断地提升，比如说回应的方式，怎么回应更有价值，回应的多元性上还需要不断地调整。

正如沈忆念老师在《克里克塔》教学反思中写到的："提问'克里克塔会怎么做呢？'的问题中，我可以在孩子回答后回应：'刚刚你们想了很多好办法，有的用工具,有的是小蛇用身体的本领,有的寻求别人的帮助。'可以在最后把学生的回答通过梳理的方式进行小结。在情感激发上我对于一些细节的处理还需要不断地优化。"

4. 让孩子成为课堂的主人

人的感官会给大脑提供不同的感受,教师在引导时多停留点时间给孩子用心观看绘本,用视觉反馈给大脑,在脑海里形成最初体验,若能多次让他们边看边说,相信他们会更加乐在其中。在课程结束后,让孩子更加充分地思考和表达自己的感受,让他们的情感体验更加丰富。教师课堂上该放手时就放手,让孩子成为课堂的主人。

(二) 后续深入研究的建议

1. 严格把握好绘本选择

本课题是以绘本为媒介开展的,确保绘本教材健康积极,绝对杜绝"毒教材"的出现,内容上要符合我国教育国情国策、要适合不同阶段孩子的成长,材料上要讲究环保绿色无害、以学生身体健康为第一要务。后期我们也会从当前国外绘本较多的局面入手,一方面寻找我国的优秀绘本,另一方面也组织教师开展自主绘本制作,挖掘就近资源,让爱国主义教育和生命教育滋润孩子们。

2. 教师需要不断学习

本次课题开展以来,不少教师都感受到了新的挑战,作为人类灵魂的工程师,小学教师更是承担着党和人民寄予的为祖国花朵扣好人生第一粒扣子的厚望。我们将以此为契机,做好自上而下的学习反思,通过各类本校听课交流、外校研讨、邀请专家学者举行讲座等方式拓宽思路,打磨课堂技术。孔圣言,学而不思则罔,思而不学则殆,要思学合一,同时也做到知行合一。

3. 开创家校沟通的新境界

家庭教育是儿童成长的重要一环,本次课题的实施也让我们看到了家长的积极性,也见证了家庭教育对于学校教育的裨益。未来,我们将尽可能畅通一切家校沟通渠道,让孩子、家长、教师、学校四元互动。

由于本校的特殊性,地处农村且外来务工人员子女较多,很长一段时间里都存在一定的教师家长沟通的壁垒。正是通过这次项目实施,教师们知道了当前还是有很多家长关心孩子成长,外来务工人员对子女的教育更是重视异常,教师们不再"孤军奋战",都是为了孩子更美好的明天。而家长们也明白了学校和教师的苦心,我们的教师都在用心做教育,我们的学校更是把学生放在第一位置。

我校学生武麟同学的家长在进行家庭儿哲亲子建设性学习时深情地写道:

记得民国国文课本上有这么一句话:"教育的最高境界是使人对生命敏感,物换星移不及一个小孩在谷仓一角沉思麻雀之死更加动人。"对于孩子,甚至很多成年人来说,生命教育是个宏大而又必须面对的话题。因为这世间的每一个生命都是珍贵、独特的,我们每个人只有意识到这一点,才会更加珍爱自己,同时尊重他人。

我的孩子大麟同学就读的三灶学校开设了儿童哲学绘本教育课程,他们班级最近这一年上了不少哲学教育开放课,其中有几节课是有关生命哲学教育,如《小威向前冲》《爱心树》……作为学生家长,我也有幸参与听课。课程的实践,让我们得以近距离接触生命教育,受益颇多,不仅给我们父母带来了很多触动,也给孩子带来了许多的知识、欢乐和思考……记得有一天孩子参加葫芦丝演奏比赛,快上台之前,他非常紧张,我鼓励他说:"你平常练习得很认真,你吹奏了很多次,都特别好听,别担心,你是最棒的!"他深深地呼了一口气,然后非常自信地说:"对,我是最优秀的孩子,我是跑得最快的那只小蝌蚪,所以我才来到了妈妈肚子里,成了妈妈的孩子。"然后就信心满满地上台表演了。后来,我问他,你怎么知道自己是跑得最快的小蝌蚪?他说《小威向前冲》里说了,只有跑得最快最棒的小蝌蚪,才有机会成为每个妈妈的孩子,还有几亿只小蝌蚪跑得不够快,他们就错失了机会,无法来到这个世界,所以老师也说了,我们世界上的每个生命都是最优秀的。

在学校儿哲课程的引领启发下,无论是孩子还是我们家长对哲学绘本的阅读兴趣都日益浓厚,通过各种机会,我们从图书馆、亲朋好友处借阅了也网购了不少绘本,开始了亲子共读。不少优秀的绘本让我们更深入地走进了生命教育,触动很大。比如,绘本《生命的四季》讲述了小园丁寻找花园里植物们故乡的旅程。开始,小园丁的眼睛里只有他自己的小小花园,只关心自己的花园是否足够美丽。到经过满是烟囱的森林,经过被大水淹没的核废料堆,来到宁静祥和的东方……小园丁的眼睛里,就不再只是自己的小小花园,他开始意识到:每个生命都有它的去处,让所有的种子都回归大地和自然。这才有永不枯竭的希望,这才是明天的花园。这本书的插图是细腻的彩铅画,深入清楚地刻画了每一个生命的最细微的特征:春天里的郁金香和洋蓟,活跃的啄木鸟、青蛙……夏天里常见的西瓜、番茄、蚯蚓……秋天的蘑菇、玉米、小鹌……冬天里的洋葱、猕猴桃、白鼬……我的孩子大麟也在细细欣赏极富诗意的语言、精美的插图和简短的文字中,跟随小园丁环球旅行,不断接触神奇广袤的大自然,看到所有的生命是如何生长、如何被破坏的,感知到了每个生命的珍贵值得被尊重与关怀,我想这本书也会成为他思想中永不枯萎的精神源泉。

起于学校,拓展到家庭的哲学绘本的共读愉悦了我们的身心,让亲子关系更加融洽,当然给孩子也带来了许多的思考、知识、欢乐……我们深深感受到,基于优秀的绘本哲学读本,生活中的万事万物,都能引起孩子们的哲学思考,继而发展孩子们的思维能力。因此哲学绘本亲子共读,无论是对大人还是孩子来说,都是一种享受、一种提高!

焕发生命活力,提升生命质量是当前新课标落实核心素养的要义。我校的《依托儿童哲学绘本,开发生命化教育班会课程的实践研究》仅仅是在这方面跨出了第一步,而后的路程更长,需要我们针对学生实际情况,开发与实施适合学生需要的课程和教育活动,回应时代的新要求。我们相信通过此次契机,在原有的沟通渠道上,"百尺竿头更进一步"。

在此项目完成之际,特别要感谢参与研究的所有教师和项目组同伴,也要感谢支持研究的华师大教授团队的指导和帮助,更要感谢我校的学生和家长对学校教育的支持。

文武兼修，启智尚美
——上海市三灶学校迎接新优质创新试点学校随访工作简讯

11月29日，浦东新区新优质创新试点项目组走进上海市三灶学校，对学校申报的新优质学校创新试点学校项目实施进行现场随访评估。

项目组的张娜和沈兰两位专家首先听取了由罗旭红老师执教的儿童哲学绘本课《克里克塔》。故事中的人物形象鲜明，处处弥漫着爱的氛围，在引导人与动物、人与自然和谐相处方面极具情感价值。孩子们在罗老师的引导下，学会倾听、思考、提问、表达、选择，在此探究过程中，逐步培养并建立儿童哲学的"P4C"四种核心素养思维能力和思维品质。

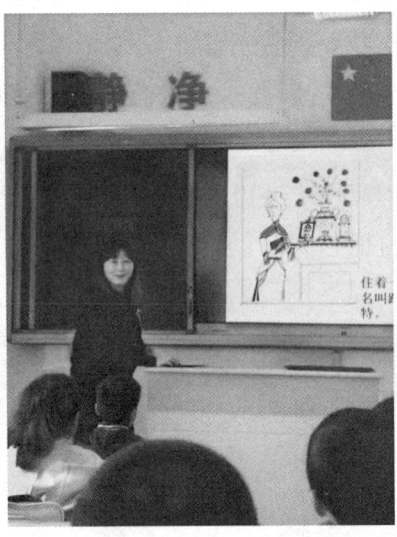

接着，由学校项目负责人富士英老师以"文武兼修，启智尚美"为题做了学校项目推进计划介绍。富老师向专家介绍了学校概况、办学理念、培养目标、学校发展策略、项目实施情况等，重点介绍了学校以儿童哲学课程为抓手，以绘本阅读为载体，在尊重学生需求和满足学生个性化发展的前提下开展儿童哲学多元化课程体系的建设，进一步开发、健全、完善一系列校本课程，成就未来公民的核心竞争力。随后，她结合创新校项目子课题"基于绘本的儿童哲学教育课程在我校的开发与实施的研究"详细介绍了该课题的项目背景、概念界定、研究内容、研究讨程和研究进展,同时也坦陈了项目实施过程中遇到的难题和困惑,期待得到专家的指导和帮助。

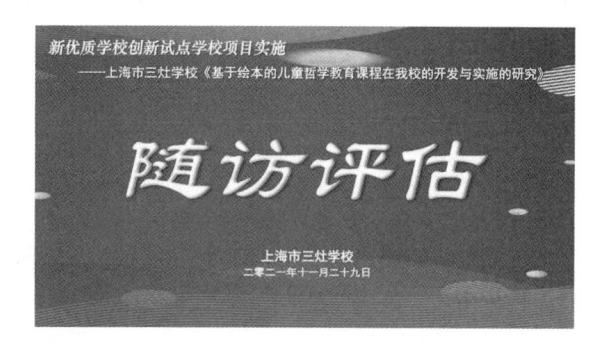

最后,项目组对学校的项目实施提出了非常中肯的意见和建议:学校亮点是以绘本图书为载体,引入儿童哲学的教学方法,关注学生的情感发育,对培养孩子的认知力、观察力、沟通力、想象力、创造力等方面将产生重要影响。学校的办学理念渗透到教育教学及各方面,绘本阅读活动丰富,特色明显;建议将子课题项目的教育目标以年级为单位,进一步细化,合理整合各项资源,丰富学校的校本化课程。

学校与会人员在认真听取随访反馈后受益匪浅。学校将以此次随访评估为动力,抓机遇、创品牌、提质量、显特色,继续深入推进新优质学校创新试点工作,为办成让老百姓更满意的家门口好学校而不断努力。

第四章 "基于绘本的儿童哲学教育课程在我校的开发与实施的研究"课程随感

两个小故事告诉你,为什么要学儿童哲学

上海市三灶学校　富士英

首先,我曾听人讲过这样一个故事:

一位母亲问她5岁的女儿:"如果妈妈和你出去玩,我们渴了,又没带水,而你的小书包里恰巧有两个苹果,你会怎么做呢?"

女儿歪着脑袋想了一会儿,说:"我会把两个苹果都咬一口。"

可想而知,那位母亲有多么失望。

她本想像别的父母一样,对孩子训斥一番,然后再教孩子怎样做,可就在话即将说出口的那一刻,她忽然改变了主意——

母亲摸摸女儿的小脸,温柔地问:"能告诉妈妈,你为什么要这样做吗?"

女儿眨眨眼睛,一脸的童真:"因为……因为,我想把最甜的一个给妈妈!"霎时,母亲的眼里闪动着泪花。

其次,我还聆听过同事讲述她女儿小宝的一件事:

一天晚上临睡前,她照例给3岁的女儿讲故事,哄她入睡。故事讲完了,小宝翻来覆去开始耍无赖,怎么都不肯睡觉。母亲一生气就吓唬她说:"你再不睡觉,我就不爱你了!"小家伙眨巴了两下小眼睛,一本正经地对母亲说:"你不要这样说。你要是不爱我了,我也会不爱你的;我不爱你了,你会伤心的。"逻辑严密,毫无破绽,这话出自一个3岁小女孩之口,让人不免感到震惊。

你知道吗?周国平先生说过,儿童都是天生的哲学家。

一个偶然的机会,我迷上了儿童哲学绘本。一个个哲学道理蕴藏在一本本书中,读完让人掩卷沉思,欲罢不能。

家长会让孩子读这类绘本吗?也许不会。除了教科书之外,他们更希望孩

子的书桌上能围绕着各种教辅材料，毕竟从小学进入大学，孩子们有漫长的应试道路需要跋涉。

孩子们会喜欢读这类绘本吗？可能不会。因为这些书对提高成绩没有帮助，对考入名校更毫无价值，至于能否帮助他们将来成为CEO或大款、富豪更是苍白无力。

无论是作为家长还是教师，我们这些成年人引导过孩子们去读这类书吗？没有吧？我们关注孩子的身体健康、学习成绩、知识技能远远超过心灵健全、精神富足、热爱生活、包容他人。我们忘了，当我们自己还是孩子的时候，也被梦想吸引，渴望放飞心灵、尽情地欢笑；当我们长大后，向世界敞开过心扉，投递过求知和关注人类命运的目光吗？扪心自问，我们的精神丰富吗？我们的内心完整吗？不见得吧？我们期待欢笑、成功和幸福，这一切都包含在奋斗中，生活原本包含着这些内容。我们逃避痛苦、失败和不幸，然而我们无处可逃，生活同样包含着这些内容。面对苦难，我们需要直面的勇气；面对多变的人生，我们更需要包容的大气。只有哲学的思想和理性，才能给予我们笑对人生的勇敢、智慧和豁达。

多么希望孩子们能读一读这类书，浸润思想的雨露，品尝哲学的甘饴，用更宽阔的人生视野找寻自己的人生目的地，更愉悦地理解、接纳自己和别人的人生。

让绘本开出生命之花

上海市三灶学校　沈澍煜

一、在小学阶段开展生命教育的原因和意义

在这个信息爆炸的网络时代,学生面对的信息量已经超出了这个年纪能消化的范围,各类信息都爆炸似的冲击着他们尚未搭建起来的价值观。经常会有某名人因病去世、某人意外死亡、某罪犯被判死刑等关于死亡的媒体信息,让年幼的孩子们对死亡充满着好奇和疑惑。不仅如此,随着学业压力的增大,学生的内心充满焦虑,极少数学生模仿新闻和电视情节,做出了漠视生命、不珍惜生命的过激行为。如果没有人为他们开展生命教育、解释生命的意义,懵懂的小学生会持续迷茫,甚至随着年龄的增长形成错误的生命观。他们的人生像惊涛骇浪中的小船,不知往何处去。为了学生的健康成长,生命教育如今迫切需要开展。

生命对每个人来说是最珍贵的宝藏,它是唯一的、不可替代的。生命包含了从受精卵形成的那一刻,直到生命的终结。正因为有了从出生到死亡的短暂过程,才让有限的生命变得意义非凡,让每个人的生命过得多姿多彩。开展小学生命教育的目的是帮助小学生知道生命的由来、找到生命的价值、创造自己的价值。把它渗透到小学德育课中,有助于培养学生健全的人格,帮助他们学会珍惜、热爱生命,学会关心他人,学会接受死亡。除此之外,还能维护家庭、社会的稳定。

二、绘本在生命教育中的价值

当代小学生接触的有趣事物多种多样,传统的德育课已经无法走进他们的内心、激发他们的兴趣,而绘本将简短的文字和趣味的图片相结合,能有效地调动学生的学习兴趣,在潜移默化中帮助他们形成正确的生命观。况且,对于小学阶段的孩子来说,生命这个话题过于沉重,再繁复的文字、再深刻的话语也无法向其倾诉。那么,作为教育工作者又该如何引导他们认识到生命的重要和宝贵,让学生真正地热爱生命?大道至简,也许一本简单的绘本就能带给学生一段生命教育之旅,一切无法从口中阐述的道理,都会在绘本温馨、细腻的图画中浮现出来。绘本与生命,在我看来,两者就像童话与现实,既疗愈着学生们的生命,又保护着他们的内心。

好的绘本读起来新奇动人,用精致的画风说尽生命的美好,一段简单的配文胜过千言万语。比如,《小鸡鸡的故事》和《乳房的故事》让学生学到了成人没法启齿的性教育,我读后不禁感慨,性教育原来也可以如此天真美好。起初,在孩子们的眼里,男孩和女孩是一样的。但慢慢地,一样的我们又有着很多的不一样,这种不一样引起了孩子们的好奇。这是一种天性。在好奇的驱使下,孩子们会想方设法地去了解。这时候通过绘本的疏导,就会给孩子们形成一个健康的性观念。性知识从来都不需要藏着掖着,相反地,通过了解性知识,孩子们更懂得控制冲动以及保护好自己。慢慢地,这份美好的性知识会让他们对生命产生好的愿景,知道生命来之不易,对于生命的理解打好了基础,可以引领孩子去探索生命的价值。

三、开展德育课堂,让绘本开出生命之花

我以《活了100万次的猫》为例,详细介绍我是如何将绘本融入生命教育中的。

《活了100万次的猫》是一本很好的关于生命价值的绘本:有一只活了100万次的猫,他也死过100万次,他得到过100万个不同主人的宠爱,但这100万次的经历中他都没有一次高兴过。有一次,猫变成了一只野猫,这次他没有了任何人的宠爱,并意外地和一只漂亮的白猫在一起,生下了很多小猫,有了一个幸福的家庭,野猫爱他们胜过爱自己。慢慢地孩子们长大了,野猫和白猫也老了。在白猫去世的那天,野猫悲痛欲绝,在哭了100万次之后,这只猫静静地躺在了白猫身边,他选择不再活过来。

(一)激趣导入,初识虎斑猫

上课伊始,我先展示绘本的封面,让学生说一说对这只猫的第一印象。小学生还处在形象思维的阶段,通过图片激发学生的学习兴趣,符合他们的年段的学习特征。当学生对这只虎斑猫产生好奇后,我引入绘本名字《活了100万次的猫》,学生读了题目后会自然而然产生相同的疑问:为什么这只猫活了100万次?它是怎么度过的?在好奇心的驱使下,学生们都饶有兴致地进行猜测。

(二)阅读绘本,了解虎斑猫的生命经历

在学生们猜测后,我揭开虎斑猫的生命经历,为学生们亲自朗诵第一部

分——讨厌一切。让他们再次说一说对这只虎斑猫的印象,并猜一猜虎斑猫为什么讨厌所有的人。接下来,学生们自主阅读第二部分——变成野猫,讨论虎斑猫太喜欢自己的原因是什么,为什么这里不叫他虎斑猫,而叫他野猫?学生们交流后,以小组合作朗读的形式阅读第三部分——遇见白猫,讨论他们的阅读感受。这是学生们与绘本的首次接触,我以绘本内容为基础,引导学生们从内容展开讨论,并通过老师读、自主读、小组读等多样形式,层层递进,迸发思维的火花,为下一阶段体验生命的意义做铺垫,提供思维阶梯。

(三)体验生命的意义

在这个环节,我会让学生提出在阅读中产生的问题,并筛选出最主要的问题:为什么虎斑猫最后一次活不过来了?借助两句矛盾的话进行深入探讨:①"猫已经不在乎死不死了。"②"猫多想和白猫一起永远活下去呀!"借助该问题的提出,我让学生进行思维的磨砺。随后,让学生演一演绘本的第三部分——《遇见白猫》,并讨论:猫最后再也没有活过来,你觉得遗憾吗?在此基础上,最后联系自己的生活,讨论什么样的生命是有意义的。

通过学习绘本,我们知道了生命的起源,找到了自己的"白猫"后,学生自然会去珍惜生命,想方设法地在生命中创造价值,这时的他们已经比任何人都知道生命的重要和高贵,会主动地去认识、去面对,去创造属于自己的生命价值。那只"白猫"可能是爱慕之人,可能是爱好追求,可能是抱负理想,在为"白猫"付出的同时,这个世界就开始变得不一样,每天竭尽全力,甚至不需要任何的回报,只是单纯地为了实现生命的价值,乃至最后,生命就成了最好的绘本。

绘本可以很好地充当起生命导师的作用。毫不夸张地说,在这一点上,大部分教师都无法做得更好。老师很难走进每一个学生的内心,人生阅历的差距,使得学生与教师在生命的话题上难以共鸣,再优秀的教育家也看不出孩子内心最深处的想法。以前的我不断尝试在生命这个话题上与学生进行沟通,但每次都深感语言的无力,打动得了成人的肺腑之言无法深入一个孩子的内心。对一个成年人来说,看绘本只会觉得毫无逻辑,但恰巧是这天马行空般的绘本才是孩子们真正需要的:它是一位无言的老师,其中的故事更能让孩子认同;它也是一种媒介,靠着图画传递的意境,帮助我们唤醒孩子内心深处的灵魂,开出生命之花。

点亮心中那道光

上海市三灶学校 金育宏

"妈妈,这是什么呢?""妈妈,你为什么要把这个放在这里,把那个放在那里呢?""妈妈……"小萌娃有太多太多的问题要问了。

妈妈说:"宝贝,垃圾要分类,不能乱扔哦,在家里要这样分类,在社区更要这样。"

"妈妈,妈妈,那社区又是什么呢?"

妈妈说:"小傻瓜,社区就是我们共同生活的小区啊!"

"妈妈,为什么社区也要垃圾分类?"

妈妈说:"因为我们要维护社区干净整洁的环境,做个好居民啊!"

"那我可以不做好居民吗?"

这是二岁半小萌娃的状态。

"妈妈,你不用帮我,这个我自己来!""爸爸,让我来帮助你,这个我会的。""不行,奶奶,我就要这样子的……"

这是四岁半小娃的行为。

"爸爸,爸爸,世界上真的有恐龙吗?"小萌娃的小脑袋里总有太多奇奇怪怪的问题。

爸爸说:"恐龙啊,它在地球上生存了很长时间,现在已经灭绝了。"

"爸爸,恐龙为什么会灭绝呢?"

爸爸说:"科学家认为是环境改变的原因才让恐龙灭绝的。"

"爸爸,那人类也会灭绝吗?"

这是五岁半小娃的意识。

"爸爸妈妈,我要告诉你们,我可是自己长大的,将来我也会自己死去。不然你告诉我呀,你们是怎么控制我长大的呢?你们给我吃的,我就吃了;你们给我穿的,我就穿了;你们不给我吃的,我就不吃了吗?你们不给我穿的,我就不穿了吗?虽然你们给了我吃的,也给了我穿的,没让我饿死,但我就是自己长大的。如果我不是自己长大的,难道你们是孙悟空,吹一口气就把我变大了?"

这是六岁半小娃的认知。

儿童的世界如此丰富多彩,在生命的不同年龄阶段,你所谓的这样、那样,行与不行,该与不该其实就是辩证的概念,再高大上一些,就是哲学这个概念。此刻,你会不会恍然大悟:哦,原来我早在二三岁就懂哲学了啊。对的,一点都没错,哲学就在你们刨根究底追问为什么的过程中,就在你们顺其自然的成长中。只是当时你们并不知道那些"为什么"已经涉及哲学范畴而已。

朱自清老先生在《匆匆》一文中如是说:

"燕子去了,有再来的时候;杨柳枯了,有再青的时候;桃花谢了,有再开的时候。但是,聪明的,你告诉我,我们的日子为什么一去不复返呢?"

聪明的你,现在你一定发现了吧,这还是一个"为什么"的问题。

年复一年,你身边的事物循环往复、生生不息,可生命属于你我,却只有一次。如何在有限的生命里留下不朽的印记,这还是"有与无"的辩题。

古希腊哲学家亚里士多德曾经在《形而上学》中说的:"不论现在,还是最初,人都是由于好奇而开始哲学思考,开始是对身边所不懂的东西感到奇怪,继而逐步前进,对更重大的事情产生疑问,例如关于月相的变化,关于太阳和星辰的变化,以及万物的生成。"

当烂漫活泼的儿童好奇心遇见五彩缤纷的大千世界时,会产生怎样神奇的反应?这就是一不小心稍纵即逝的人类精神世界的永恒之光!

三灶学校的青年教师沈澍煜这样点亮这道光:

绘本被公认为最适合幼儿阅读的图书,通常在学前班时期运用于教学中,是幼儿启蒙教育不可或缺的教学载体。诚然,对幼儿园小朋友来说,绘本唯美的插画和浅显易懂的语言,再加上生动的讲述,带给幼儿们视觉和听觉上的体验。但是将儿童哲学绘本作为载体运用于小学阶段的教育是一项艰难的任务,因为教师不能仅仅停留在通过绘本让学生明白道理,更要发展儿童的哲学思考能力。

在设计儿童哲学绘本教育课堂时,教师需要自己先走进绘本,仔细钻研绘本才能开展一节有效的课堂。绘本与语文课文不同,不仅有文字,还有图画。因此教师需要关注其中的图画和文字,以孩子的角度思考他们每次翻页时会存在什么疑惑,从图片和文字上分别了解到什么信息。只有教师细细推敲、反复琢磨了,才能引导学生读懂故事、发现细节、感悟内涵。

在课堂中教师要以学生为主体,激发儿童的哲学思考能力。我发现在儿童哲学绘本教育课堂上,学生比平时更乐于表达自己的观点。络绎不绝的小手举起,异想天开的回答令人感到惊喜。在课堂上教师不仅是引导者,还是倾听者,此时教师和学生是一种真正的平等关系。我时而被学生的回答引发思考,时而被孩子们的问题窘住,原来孩子们可以独立地提出问题、发表看法,这就是一种哲学行为。当然课堂上仍然有进步的空间。课堂上仅展示了绘本的图画,教师可以制作更精美的、图文声并茂的多媒体课件,还可以自创一些绘本教具。有趣的画面和教具可以让学生更乐于参与课堂,提升课堂积极性。除此之外,在上课过程中,教师应注意课堂语言的组织应儿童化,不要用过分哲学的大人的语言和学生交流。还要给学生充分的思考时间和交流时间,争取给每一位想发言的学生表达观点的机会。

想要持续地培养儿童的哲学思考能力,还需要家校配合培养学生的自主阅读习惯和提升教师的绘本教学能力。学校可以开展绘本阅读比赛、家校绘本阅读指导、绘本读书沙龙等活动,让学生、教师、家长一同参与进来。学校还可以邀请专家为教师们开展讲座,提升教师的专业能力。希望儿童哲学绘本教育今后能渗透学校和家庭的教育中,培养儿童的哲学思考能力,让绘本教学常态化。

三灶学校的家长这样进行家庭儿童哲学亲子建设性学习：

记得民国国文课本上有这么一句话："教育的最高境界是使人对生命敏感，物换星移不及一个小孩在谷仓一角沉思麻雀之死更加动人。"对于孩子，甚至很多成年人来说，生命教育是个宏大而又必须面对的话题。因为这世间的每一个生命都是珍贵、独特的，我们每个人只有意识到这一点，才会更加珍爱自己，同时尊重他人。

我的孩子大麟同学就读的三灶学校开设了儿童哲学绘本教育课程，他们班级最近这一年上了不少哲学教育开放课，其中有几节课是有关生命哲学教育，如《小威向前冲》《爱心树》……作为学生家长，我也有幸参与听课。课程的实践，让我们得以近距离接触生命教育，受益颇多，不仅给我们父母带来了很多触动，也给孩子带来了许多的知识、欢乐和思考……记得有一天孩子参加葫芦丝演奏比赛，快上台之前，他非常紧张，我鼓励他说："你平常练习得很认真，你吹奏了很多次，都特别好听，别担心，你是最棒的！"他深深地呼了一口气，然后非常自信地说："对，我是最优秀的孩子，我是跑得最快的那只小蝌蚪，所以我才来到了妈妈肚子里，成了妈妈的孩子。"然后就信心满满地上台表演了。后来，我问他，你怎么知道自己是跑得最快的小蝌蚪？他说《小威向前冲》里说了，只有跑得最快最棒的小蝌蚪，才有机会成为每个妈妈的孩子，还有几亿只小蝌蚪跑得不够快，他们就错失了机会，无法来到这个世界。老师也说了，我们世界上的每个生命都是最优秀的。

在学校儿童哲学课程的引领启发下，无论是孩子还是我们家长对哲学绘本的阅读兴趣都日益浓厚。通过各种机会，我们从图书馆、亲朋好友处借阅，从网上购买了不少绘本，开始了亲子共读。不少优秀的绘本让我们更深入地走进了生命教育，触动很大。比如，绘本《生命的四季》讲述了小园丁寻找花园里植物们故乡的旅程。开始，小园丁的眼睛里只有他自己的小小花园，只关心自己的花园是否足够美丽。到经过满是烟囱的森林，经过被大水淹没的核废料堆，来到宁静祥和的东方……小园丁的眼睛里，就不再只是自己的小小花园，他开始意识到：每个生命都有它的去处，让所有的种子都回归大地和自然。这才有永不枯竭的希望，这才是明天的花园。这本书的插图是细腻的彩铅画，深入清楚地刻画了每一个生命的最细微的特征：春天里的郁金香和洋蓟，活跃的啄木鸟、青蛙，等等；夏天里常见的西瓜、番茄、蚯蚓，等等；秋天的蘑菇、玉米、山鹑，等等；冬天里的洋葱、猕猴桃、白鼬……我的孩子大麟也在细细欣赏极富诗意的语言、精美的插图和简短的文字中,跟随小园丁环球旅行,不断接触神奇广袤的大自然,看到生命是如何生长,又是如何被破坏的,感知到了每个生命都值得被尊重与关怀,我想这本书也会成为他思想中永不枯萎的精神源泉。

起于学校,拓展到家庭的哲学绘本的共读愉悦了我们的身心,让亲子关系更加融洽,当然给孩子也带来了许多的思考、知识、欢乐……我们深深感受到,基于优秀的哲学绘本,生活中的万事万物都能引起孩子们的哲学思考,继而发展孩子们的思维能力。因此哲学绘本亲子共读,无论是对大人还是孩子来说,都是一种享受、一种提高!(出自武麟同学家长侯霞)

三灶学校的青年教师、家长这样和孩子一起做儿童哲学:

孩子的世界里,妈妈在生活上的照顾可能更多一些,父亲往往忙于工作,可能陪伴孩子的时间并不多。但是,父亲的角色,在孩子的成长过程中,却有着不可替代的位置。父亲对孩子成长的影响,是一种不同于来自母亲的,更为深远的影响,对孩子性格的塑造,更是起着很大的作用。

绘本《我爸爸》从孩子的视角去描绘了他眼中的父亲,将抽象的父爱化于形,通过一幅幅风趣幽默的图画将伟大的亲情直观地展现出来,那么有趣,那么真实。通过亲子的阅读,增进沟通的机会,家长可以像朋友一样和孩子交流,倾听孩子的心声,了解孩子心中的父亲形象。促进更和谐的亲子关系,同时在阅读的过程中,还会让孩子回想起爸爸平日的温暖和爱。

一、导入

在出示绘本封面之前,先问问孩子,你的爸爸是怎么样的?你喜欢你的爸爸吗?

(出示绘本)看,今天我们一起读《我爸爸》。看看这个封面上的爸爸,他穿了什么颜色的衣服?和你的爸爸一样吗?我们一起仔细看看,爸爸到底是一个怎样的人。

二、分段欣赏故事

通过分段阅读和提问的方式,让孩子理解画面和故事内容,感受爸爸的棒。

"我爸爸什么都不怕!连坏蛋大野狼都不怕。他可以从月亮上头跳过去,还会走高空绳索。在运动会的比赛中,他轻轻松松就跑了第一名。爸爸真的很棒!"提问:"故事中的爸爸做了哪些很勇敢的事情?"

"我爸爸吃得像马一样多。"提问:"故事中说爸爸像什么?""你觉得你的爸爸像什么?"

通过问答的方式,为孩子营造一种自由的阅读氛围,鼓励孩子大胆揣测和想象,勇敢说出自己的想法。

在朗读故事的时候,我还会用抑扬顿挫、语速的急缓转变,来带领孩子走入"故事"的情节中。同时在朗读中,我还会和孩子一起模仿书中人物的表情和动作,及时对故事内容进行反馈,提高孩子阅读的兴趣。

三、游戏拓展

读完绘本之后和孩子交流,她心中的爸爸是怎么样的?通过自己的语言说一说,画一画,贴一贴,抱一抱,更好地促进孩子和父亲之间的沟通,让彼此更贴近一点。爱也是要表达出来的。

通过绘本的学习,孩子感受到了父爱、母爱、亲情的爱。爱就在我们的身边,我们会成为所爱的样子,是爱成就了我们。(出自周芊妙家长孙佳雯)

宝贝呀,你慢慢走。你有比我们多几百倍的好奇心,不必因对世界产生怀疑、感到惊奇而担心,我们会陪着你发现这个世界的不同面向。

宝贝呀,你慢慢来。我们不会急着告诉你苏格拉底和尼采是谁,你独一无二,与众不同,我们会和你一同探讨关于世界本原的话题。

宝贝呀,你慢慢长。带着求知的渴望,带着无尽的好奇,带着对新事物的喜悦,哲学就在你身边,生命就在你指尖。

你是最棒的小哲学家。

以儿童绘本阅读启智润心
——乡村小学德育的有效途径之一

上海市三灶学校　富士英

江苏省锡山高级中学校长唐江澎说:"好的教育应该是培养终身运动者、责任担当者、问题解决者和优雅生活者,给孩子们健全而优秀的人格,赢得未来的幸福,造福国家社会。"他还说:"让幼儿园孩子养成整理东西的习惯,远比让他们早识字重要;让孩子们多读书,远比让他们做阅读理解题重要。"相信每一个有教育良知的教育工作者会有同感。但如何培养呢?特别是乡村的教育者,更觉使命重大而又困惑颇多。笔者在近20年的德育工作中,探索出一种便捷有效的教育途径,即以儿童绘本阅读启智润心。

一、儿童绘本的概念

绘本,是外来语,即图画书,该词语取自日语中图画书"えほん"的汉字写法"绘本",顾名思义就是"画出来的书",指一类以绘画为主,并附有少量文字的书籍。绘本不仅是讲故事,学知识,而且可以全面帮助孩子建构精神世界,培养多元智能。国际公认"绘本是最适合幼儿阅读的图书"。

二、在我校开展绘本阅读的背景

(一) 这是由绘本本身的特点决定的。

绘本中要读的绝不仅仅是文字,而是要从图画中读出故事,进而欣赏绘画。著名心理专家郝滨老师认为:"如果家长能有意识地选择一些优秀的绘本和孩子们一起阅读,那么既有助于孩子建构精神世界,促进心智发展,又有助于培养孩子良好的道德品质和行为习惯,善加使用,可以在人的一生中起着奠基的作用。"的确,绘本中高质量的图与文,对培养孩子的认知能力、观察能力、沟通能力、想象力和创造力,还有情感发育等,都有着难以估量的潜移默化的影响。

(二) 这是由学校的培养目标决定的。

学校的目标是培养"自主自信,健康有为"的学生,要求教师能做学生"启智尚美，文武兼修"的引导者。学校开设多种特色项目课，力争让学生成为身体健康、人格健全、德智体美劳全面发展的社会主义建设者和接班人。针对小学生的年龄特点，我们为小学生特别是低幼年级的学生开设了绘本阅读课，以期养成自主阅读的习惯。我们选择与学校培养目标相匹配的绘本，在日积月累的阅读中，潜移默化地渗透理念，辅以读书活动，给学生自我展示的舞台。

（三）这是由我校的生源特点决定的。

我校学生几乎都是本土乡民和外来务工人员的子女，父母文化水平绝大多数在初中以下。这就要求学校充分挖掘教育资源，弥补家庭教育资源的不足。

（四）这是由我校课堂内外的具体情况决定的。

1. 风生水起语文课：在语文课上，我校的小学生对书中的插图十分感兴趣，看图说话或写话教学都很成功。

2. 等米下锅班会课：我校的班会课有时是听集体广播，有时是学校只给教育主题，班主任自由安排，由于没有具体的教材读本，很多班主任没有实施教育的具体抓手。

3. 一筹莫展的拓展课：学校要求开设拓展课，教师往往没有头绪，找不出适合小学低年级学生需求的课程。

4. 鞭长莫及的"课外德育"：家长抱怨孩子在家"无所事事"，不听话，学校将绘本阅读延伸到家庭，期望家校联手，相得益彰。

三、学校开展绘本阅读的过程

1. 灵感起源于语文课

在给一年级学生教《咏柳》一课时，教师结合课文插图点拨，学生将画面描述得栩栩如生。结合插图，学生的观察和想象能力得到发掘，热爱大自然的感情也得到培养。

到了二年级以至五年级之后，学生对插图仍然爱不释手。如学生看到《秦陵兵马俑》一文中兵马俑插图，他们看图写话作业中的佳句频出：有的面带微笑，似乎沉浸在胜仗的喜悦之中；有的怒发冲冠，好像随时要扑向敌方，把敌人撕成两半；有的一脸稚气，一看就知道是刚入伍不久的新兵；有的一脸深沉，神色严峻，不愧为入伍多年的老兵；有的张弓搭箭，好像正在等待将军发号施令；有的龇牙咧嘴，满脸怒气，好像要为牺牲的兄弟报仇；有的紧咬牙关，神态庄重，好像正在考虑如何将敌人打得屁滚尿流；有的左手拿刀，右手拿盾，好像做好了随时开赴战场的准备。

在读图、说图中，学生的想象力、情感认知水平都得到发展。鉴于以上课堂实践，笔者精心选择了插图较多的读本作为补充，特别为低年级的学生专门选择了绘本。

2. 将班会课作为试验田

德育的内容十分庞杂，是每周一节的班会课远远无法包括的。仅仅一节的班会课往往成了枯燥的说教课，或班级杂事的处理课，对于低年级的小学生来说收效甚微。于是笔者结合学校的教育主题，尝试将系列绘本阅读作为班会课的教育教材。如学校要求进行生命教育，笔者想：好的绘本读起来新奇动人，用精致的画风说尽了生命的美好，一段简单的配文胜过千言万语。于是，笔者尝试用绘本中《小鸡鸡的故事》和《乳房的故事》，让学生体验、领悟生命起源的奇妙。

笔者所带的一年级的孩子想知道男孩、女孩的区别。笔者乘机借助绘本来启蒙疏导，帮助孩子了解性知识，形成健康的性观念，让他们懂得如何控制冲动来保护自己，知道生命是来之不易的。没想到用这样的方式，他们便了解了成人没法启齿的性知识，笔者尝试成功后不禁感慨，性启蒙教育原来也可以用如此天真美好的方式来开展。这是一节理解生命意义的启蒙课。

3. 让拓展课成为绘本阅读课的主阵地

在学校要求开设拓展课时，教师们往往从自身的兴趣特长出发选课，不能解决学生教育现实中迫切需要解决的问题。笔者又尝试，整合每周一节的班会课与拓展课，这样便有了一周两节左右的绘本阅读课。如果说，用班会课上绘本阅读有一定的随机性，那么拓展课上的时间是有保证的，拓展课便成为阅读绘本的主阵地。

教了几轮五年级，笔者总会看到这样的情形：学生面对小升初时的分化，种种思想苗头出现在班级中。有的因家境一般而沮丧，有的因学习困难而厌学，还有的因家庭特殊甚至发展到厌倦生命。

针对这些情况，笔者以《活了100万次的猫》为例，将绘本阅读深度融入生命教育之中。以下是笔者在五年级进行绘本阅读教学时的情景：

第一个环节：激趣导入，初识虎斑猫。

展示绘本封面,学生谈对这只猫的第一印象,引入绘本名字。

第二个环节:阅读绘本,了解虎斑猫的生命经历。

研读虎斑猫讨厌所有人、喜欢自己及改名的原因。

第三个环节:体验生命的意义。

讨论虎斑猫活不过来的原因,表演片段《遇见白猫》,讨论生命的意义。

学生在这次绘本阅读中,认识到生命的起源,找到自己的"白猫"——生命的价值,懂得要想方设法地在生命中创造价值,要竭尽全力,乃至舍弃生命。

在这样的绘本阅读课上,学生黯淡的眼神发亮了;这样的课后,学生的周记中流露出昂扬奋进的情绪。甚至在毕业多年的学生心中扎下了深根,当时的尝试对学生产生了深远的影响。于是,笔者想进一步扩大绘本阅读课的效益。

4. 绘本阅读课是班主任校本培训的有效抓手

为了让绘本阅读在校园里形成蓬勃发展之势,笔者借用主持学校青年班主任工作室的机会,与大家一起分享了自己开设绘本阅读课的感受,并为大家推荐了一些优秀的绘本阅读教学参考书目。

绘本教学参考书目

(1) Mary Roche:《读图画书,学批判性思维》,张丽倩译,中国轻工业出版社2020年版。

(2) 伊娃·佐勒·莫尔夫:《小哲学家的大问题——和孩子一起做哲学》,杨妍璐译,中国轻工业出版社2019年版。

(3) 王林、余治莹:《绘本赏析与创意教学》,河北教育出版社2010年版。

(4) 吴念阳主编《绘本是最好的教科书——跟着儿童心理学家读绘本》,北京大学出版社2015年版。

(5) 闫学主编《绘本课程这样做》,中国人民大学出版社2017年版。

(6) 高振宇:《儿童哲学导论》,广西师范大学出版社2020年版。

(7) 潘小慧:《儿童哲学的理论与实践》,广西师范大学出版社2020年版。

(8) 吴国平:《课程中的儿童哲学》,上海教育出版社2018年版。

拿到推荐书单后,大家纷纷行动起来,班主任培训课也有了明确的主题,平时棘手的教育问题,在绘本的推荐中、在绘本阅读课的设计中、在绘本课的切磋打磨中、在绘本阅读教育教学札记的交流中,开展得扎实有序,青年们也成长了。

绘本阅读教育课，不仅是对低年级学生气质润心的抓手，也是对青年班主任教育教学管理的启蒙教材。

乘着年轻班主任们锐意进取的势头，笔者顺势启发大家，针对自身优势和班级特点，整合家校资源，形成合力：到图书馆借阅，经教师和学生相互推荐，图书角的C位绘本赫然在列。各年级形成并细化读书序列，分步实施，力争汇成成果，薪火相传。我鼓励大家上好第一次绘本阅读课，做好示范，指导要具体。结合学校育人目标，我们做好遴选绘本的工作，如结合习惯、礼仪、生命、品格、家国情怀以及学校的九大教育序列来选择绘本，充分挖掘书中的教育资源。

5. 绘本阅读课是家庭教育的有效延伸

自从校内开展绘本阅读活动以来，学生纷纷主动要求家长给自己购买绘本，讲绘本故事，亲子阅读高潮迭起。家长和教师围绕绘本阅读的互动交流也多起来了。借助学校搭建的"家长微课堂"活动平台，部分家长还走入课堂，为孩子们上绘本课，丰富了学校绘本教育的资源。

四、在我校开展绘本阅读的成功经验

1. 推进方式渐进化

我们采取了以点带面、以内引外的推进方式，终于在校园形成了阅读绘本的燎原之势。

2. 多种资源整合化

动员一切可以动员的力量，整合绘本资源，包括：教师推荐、家长推荐、学校图书补充、同学交换；优化师资力量，选择德才兼备的教师、同伴、家长、公益组织中的优秀志愿者讲好故事；也请出色的学生自主登台讲绘本故事，他们的自信心增强了，自主管理能力也提高了；强化后勤管理，请图书室、后勤管理人员协助，在班级的图书角、校门口的图书亭，特意为不同年级摆放了不同的绘本。

3. 绘本阅读主题化、序列化

为了帮助学生逐步建构精神世界，促进其心智发展，我们根据年段特点，以培养学生的认知能力、观察能力、沟通能力、想象力和创造力为纬线，以情感道德发育的培养为经线，结合学校德育系列的目标，为各年级设计了阅读序列表。当然，情感目标和心智目标是互相交融渗透的，分年段排列，只不过是各自有所侧重，并非绝对割裂。

各年级学生绘本阅读序列一览表

年级	主题	情感目标	能力目标	推荐书目
一年级	生命的起源	认识自己，悦纳自己	认知能力、观察能力	《小威向前冲》《我是女孩我弟弟是男孩》《我宝贵的身体》《小鸡鸡的故事》《两人的故事》《爱的故事》《我的弟弟出生了》《乳房的故事》
二年级	生命的成长	教养规则，人际交往	沟通能力	《是谁送的呢》《别想欺负我》《野兽国》《我们和好吧》《对不起》《我有友情要出租》《利勒比找到一个好朋友》《你真好》《蚂蚁和西瓜》《狼狼》《白色的猫头鹰》《鸭子说"不可以"》《鳄鱼莱莱》《好朋友》《一粒种子》
三年级	生命的高峰	责任担当，关注自然	想象力	《动物绝对不应该穿衣服》《妖怪山》《小狗的便便》《青蛙与蟾蜍好伙伴》《大猫来了》《我的朋友是怪物》《雪地里的脚印》《喂，小蚂蚁》《为什么小猫不会说话》
四年级	生命的衰弱	关心长辈，感恩教育	创造力	《猜猜我有多爱你》《外婆变成了老娃娃》《不要和青蛙跳绳》《逃家小兔》《猜猜我有多爱你》《爱心树》
五年级	生命的死亡	直面死亡，坦然接受	情感发育	《獾的礼物》《爷爷变成了幽灵》《活了100万次的猫》《祝你生日快乐》《楼上的外婆和楼下的外婆》《一片叶子落下来》

用以上表格明确目标，规范阅读进程，强化责任，保证了绘本阅读的有序推进。

4. 活动组织形式的多样化

组织不同类别不同层次的教师召开绘本阅读指导交流会，切磋、优化、总结、交流，在互助中成长成熟，如以年级组的班主任为单位、以青年班主任工作室的部分教师为单位，也可以是几个志趣相投的教师，或初当班主任的几位新教师，精心组织，使得不同层次的教师都有获得感。以班级为单位组织学生开展绘本阅读活动、亲子沙龙阅读分享会等，评价方式可以是师评、生评、互评、家长评等。

绘本阅读评价表

绘本名称：《　　　　　　　　　　　　》					
自　评	☆☆☆☆☆	互评	☆☆☆☆☆	家长评	☆☆☆☆☆
我的建议				家长建议	
我的感受	（写一写、画一画）				

5. 绘本阅读的深远影响

经过长期的不断实践、修改、完善，我校的绘本阅读课程已经成为学校特色课程，并成立了专门的儿童绘本社团。

学生说起绘本对自己心智的发展，无不感慨万千。有的说绘本课是自己最好的成长伙伴，课余时间里、边角时间里、随手翻阅绘本都是赏心悦目的一件事。有的说，从绘本中得到的启迪是终生难忘的，那些深奥的道理、科学的知识就藏在灵动的画面里，绘本是自己生命中无言的老师。

乡村学生的书桌上、书架上不再是单调的几本作文书、练习册，绘本走进了文化层次不高的家长的视野，成了他们亲子的读本，由购买绘本扩展到其他的书籍，阅读成了家庭精神文化生活的重要组成部分。

课堂上，学生们乐于讨论了，在德智体美劳等各种创意活动的开展中，他们的想象力和创新能力得以激发，同时也培养了积极向上的生活态度，绘本启智润心的效果如星星之火，形成燎原之势。

绘本让青年教师与学生共成长。绘本是初为人师的青年教师的贴心的扶手，扶着他们在教学相长的蜕变中成长，青年教师从感性的绘本中悟到了教育的奥妙，改变了简单粗暴的教育管理方法。从这一点上来说，绘本也是青年教师智慧的导师；我们从班主任的主题教育课、教育案例的设计中都可以觅到绘本教育的影子：或者是一张截图，或者是一个故事，也或者是绘本中的一个道理、一种知识,创新的火花闪耀在各个细节里。绘本让师生心有灵犀一点通,能够在课堂上擦出共鸣的火花。我校青年教师获得各级各类教育奖项,其中,他们也得益于绘本的启迪。

五、对在我校开展绘本阅读的思考和进一步设想

如何让绘本阅读这门课程的特色更加突出?现在我校绘本课题组的成员不断壮大,汇集了不同学科、各有专长的各年龄段的教师,学校图书馆增添了不少绘本。小学部教室图书角的图书也得到更新,种类也扩展了。绘本阅读的群体力量效应得以呈现。因此,我们将群策群力,努力让绘本阅读这门课程的特色更加突出。我们将把成果汇编成校内拓展课读本,以便在传承中进一步优化现有资源。

总之,相比于苍白的说教,借助绘本阅读,只要用对了方法,短短几个月的时间,甚至一瞬间,德育的功效就会呈现。给学生绘本这个支点,他们将会撬起整个世界。我们相信绘本会让学生培养丰盈的内心,助他们拥有多彩的童年,丰富生命的底色。阅读绘本会是他们的一场人格健全的生命之旅。这是培根筑魂的良策,是启智润心的佳径。塑造求真、向善、尚美的灵魂,培养体健的生命是所有教师的使命。为了做得更好,我们愿不断探索以绘本育人的策略。

第二部分

实践篇

第一章　走近生命的起源

生命的起源是一种最为奇妙、最富魅力的自然现象。除了人类之外，在我们这颗蔚蓝色的星球上，生活着150多万种动物、40多万种植物和20多万种微生物，正是有这些多元化的生命，构成了我们这个五彩缤纷的地球村。

但在这许许多多的生命形态中，或许只有人类会提问："我们究竟从哪里来？"

为了探究这个问题，一代又一代的科学家上下求索，不断探寻，皓首穷经。其中，人类富有好奇心的幼崽尤其好问这一命题：

"爸爸妈妈，我从哪里来？"

"嗯，爸爸妈妈结婚后，妈妈肚子里就有了你呀！"

"那我是怎么到妈妈肚子里去的呢？后来，又是怎么出来的呢？"

面对孩子们童真的眼神，父母往往会觉得手足无措，难以招架。于是，各种千奇百怪的答案蜂拥而出，诸如"垃圾桶边上捡起来的""充话费送的"……

实质上，生命起源这一话题对低年级小学生的性启蒙教育是非常关键的。基于中国传统文化"讷于言"的特质，绝大部分中国家长面对孩子在生命起源方面的疑问，通常会感到无所适从，难以解答。出于无奈，就会编造一些荒唐的讲法来搪塞孩童的提问。可是，家长却忘了孩子们有着异乎寻常的敏锐力。如果只是敷衍他们，孩子就会感觉到家长没有认真对待他们的疑问，并且家长也不会意识到，这些不恰当的回答，不仅会造成孩子对生命起源的知识空白，甚至还会给孩子以后的成长留下难以磨灭的心理创伤。

面对这些困惑，我们又应该如何解决呢？其实，这样的尴尬是完全可以避免的。我们可以借助绘本中传达的知识来帮助孩子们学习和认知生命的起源。例如，在《小威向前冲》这一绘本中，作者尼可拉斯·艾伦开宗明义地直入主题，故事中提到"小威是一个小精子，他和三亿个朋友一起住在布朗先生的身体里。游泳大赛的日子一天天地近了，小威每天都在努力地练习。他知道他必须游得非常快，才能赢得奖品——一个美丽的卵子。比赛结束时，发生了一件又神奇、又美妙的事！"

艾伦用毫不避讳又充满童趣的生动语言，细细讲述了"小威"在布朗先生和布朗太太身体里的一段历险记。绘本用孩子们可以理解的图画，深入浅出地解释了生命最初的孕育过程。因此，《小威向前冲》被公认为"幼儿性教育启蒙第一书"自然也不足为奇了。该书还被改编为性教育短片，传播至世界各地，成为儿童性启蒙教育的畅销素材，深受广大教育工作者和家长们的好评。

《小威向前冲》用故事的形式轻轻松松地告诉孩子们，我们是怎么来到这个世界的，教会孩子正确认识自己的生命，从而更懂得珍惜、欣赏、爱护生命。与此同时，我们也可以借助该绘本带领孩子们做进一步的思考：小威是谁？它住在哪里？它是怎样来到布朗太太的身体里的？布朗太太的身体产生了哪些变化？这些变化让你有什么感受？你喜欢小威吗？这一系列的思考，可以让孩子们知道，我们每一个人来到这个世界都是瓜熟蒂落的自然结果。在此之前，每个生命都要在妈妈的肚子里，在一个叫作子宫的地方，住上好一段时间。在这一段长达九个多月的时间里，妈妈的身体会产生一系列的变化，她的肚子会越来越大，她的身体负担也会越来越重，甚至会感觉到越来越难受。我们可以坦诚地告诉孩子：每个生命的孕育与分娩，都是伟大的胜利，都是来之不易的成果，每个孩子都是爸爸妈妈爱情的结晶。因此，我们必须好好守护这一来自大自然的生命奇迹。

英国生物学家达尔文很早就提出了"优胜劣汰、适者生存"的生物进化理论。这一论断的核心是，凡是不能适应竞争进化的物种会遭到无情的淘汰。实际上，无须讳言，这种现象在生命的起源之初就是存在的。我们可以通过绘本这种有效载体，用通俗易懂的语言，向孩子解释这一场生命起源之初的竞争。总而言之就是要告诉孩子们，每一个生命都是来之不易的，都是非常宝贵的，都值得我们倍加珍惜。通过阅读绘本中一个个充满童趣的故事，让孩子们真实地了解到生命的萌芽、孕育、成长和落地的过程。

好奇心是孩童身上最可贵的品质之一。所以，当孩子们提出关于性别和生命起源一类的问题时，家长们千万要认真对待，特别要扮演好引导人的角色，可用孩子们能听懂的尽可能儿童化的语言，给予他们科学理性、客观透彻的回答。

在这一解答的过程中，同系列的绘本可以成为家长的得力助手。诸如《我是女孩，我的弟弟是男孩儿》一书中，韩国作家郑智泳则完全俯下身子，用平视的角度，以孩子的口吻来解释社会性别和社会角色的差异，真正以孩子的视角来看待社会性别问题,让孩子们直截了当地理解男孩和女孩的不同,体悟到生命的可贵,生生不息,延续希望的使命。

依托《我是女孩,我的弟弟是男孩儿》这一绘本,我们可以更有的放矢地跟孩子解释,男性与女性的身体差异以及各自的性别优势,进而引导孩子认识到尺有所短、寸有所长,无论男孩还是女孩都有各自的长处和不足。在帮助孩子建立正确的性别认同和性别观念的基础上,进一步引导孩子要爱护好自己的身体,特别要保护好自己的隐私部位,珍惜自己的幸福生活。

借助绘本这一有效载体,家长和教师可以帮助一年级儿童初步构建并逐步完善性别角色的初始观念,最终目标就是帮助孩子构筑起健全的人格底色,为他们进入青春期后更有智慧地处理亲密关系奠定牢固的人格基础。依托绘本故事的帮助,家长们甚至可以更彻底地打破性别角色刻板印象,引导孩子认识并坦然接纳自己的性别,悦纳自身,学会辨识性别、认识性别的稳定性,培养起孩子善于处理差异的良好品格。

在此过程中,有一点值得注意的是,对生命起源和生命价值的认识不足,会出现难以预料的后果。有权威报告明确指出,我国10岁至24岁的儿童及青少年抑郁症发病率在2005年至2015年间显著上升。心理学专家普遍认为,这些心理问题的根源仍在童年期。另外,世界卫生组织调查研究表明,抑郁症已成为青少年疾病和残疾的第四大原因。斯坦福大学青少年问题首席研究员比尔·达蒙(Bill Damon)也曾指出:"今天孩子长大的最大问题不是压力,而是毫无意义。"[①]他认为,个体对于生命价值的无意义感,是影响儿童心理成长、接纳自我的关键问题,也是导致抑郁症等一系列心理问题出现的深层次原因。

因此,如何帮助孩子认识生命、珍惜生命,进而悦纳自我成为目前家长、教师、学校乃至全社会的重要工作。

自我悦纳,简而言之就是能够正确地认识自我,保持自我的独特性,肯定自我的价值和意义,从而以积极的心理机制抵御"无意义感"的侵蚀。我们要让孩子认识到,从生命的起源来看,作为父母的爱情结晶,作为独立的个体,每个生命都是珍稀而高贵的,享有独特性、不可替代性和独立性。

在这一单元中,我们选用了以下绘本:《小鸡鸡的故事》《两人的故事》《爱的

---

① [美]William Damon.寻找人生目标:帮助孩子们确定自己的人生目标[M].Free press,2008.

故事》《海的故事》《小威向前冲》《我宝贵的身体》《我的弟弟出生了》《我是女孩，我弟弟是男孩》《乳房的故事》等，意在通过图画和简短文字结合的方式让孩子们了解"宝宝是由精子和卵子结合发育而成的"，"男孩和女孩都是很好的"。用风趣幽默的故事，让复杂的遗传学和生物学知识形象化、简单化，深入浅出地为低龄学生娓娓道来生命的由来，帮助孩子们建立生命来之不易、每个人都有优点、我们都要珍惜生命和悦纳自我的理念。在此基础上，我进一步引导孩子们意识到，生命是一场漫长的马拉松，我们一来到这个美好的烟火人间，就已然赢得了起跑的胜利，接着就该勇敢地面对其后种种磨砺和考验。

一年级的孩子正式进入小学阶段，这一阶段的儿童开始从事正规的、系统的学习，"学习"逐步成为主导孩子发展的重要活动。与此同时，儿童开始逐步掌握书面语言，并迈入从形象思维到抽象逻辑思维的过渡期。此外，随着身体器官的逐步成熟，他们的观察力、感知力和理解力也有很大的提升。这促使孩子掌握概念和进行判断，发展抽象的推理逻辑思维能力，同时也发展了各种心理过程的自我意识和自觉性。我们要引导孩子把学习和成长当成满足自身需要的事情，将"家长或老师要求我学习"变为"我自己想要成长"，激励孩子持续不断地探索。儿童心理学和成长规律告诉我们，他们成长的特点是：越学越无知，越学越投入，孩子会不断探索新知，不断挑战难点。值得注意的是，对于这一阶段的孩子来说，成绩和奖状从来都不重要，心理健康和悦纳自我才是重中之重。为了达到上述效果，我们就要聚焦于孩子的精神成长，更关注其对生命的感悟。

作为教师，我们应该有静待花开的耐心和定力。作为家长，在这焦虑的时代，更应该告诉孩子：

宝贝呀，你慢慢走。你独一无二，与众不同，你有只属于自己的成长路线。

宝贝呀，你慢慢来。春暖花开，杨柳飘飘，你还要经历三九寒冬的考验。

宝贝呀，你慢慢跑。人生从来就不是百米冲刺，而是一场马拉松。不必在意"输在起跑线上"，前方的赛道还好长好长。

万丈高楼平地起。一年级的孩子们处在人生的起步阶段，我们要帮助孩子们打好心理健康的基础，让他们爱自己、爱他人、爱生活、爱世界。为孩子们夯实自尊、自爱、自重的心理基础，使孩子们既能客观评价他人，更重要的是能正确地认识自己、评价自己，只有做到认识自我、悦纳自我，对自己有充分了解，欣赏自我的价值，对自己感到满意，才能努力使自己变得更加圆满；才能对自己成长中的优劣都能正确看待,对优点能发扬光大,对自己的缺点也能允分认识,并能适时扬长避短;才能有远大而又脚踏实地的理想,对未来充满信心,对自己和身边的人充满爱意;才能建立积极、良好的同辈关系,在和其他小朋友相处时,互相尊重、理解他人,善于学习他人的长处,补己之短,用友善、宽容的态度与人和睦相处。

　　这一单元的绘本故事是为小学一年级的孩子们精心挑选的。孩子们通过学习绘本,可以走近生命起源,认识自我、悦纳自我。

　　这,就是人生的重要命题,也是我们要帮助他们完成的重要任务。

　　让我们通过绘本阅读,引导孩子们完整认识他们自己吧!

　　古罗马哲学家塞涅卡有言:你如何看待自己,远比他人如何看待你重要得多。

《小威向前冲》教学设计

上海市三灶学校　沈澍煜

【学情分析】

当代小学生接触的有趣事物多种多样，传统的德育课已经无法走进他们的内心，激发他们的兴趣，而绘本将简短的文字和有趣味的图片相结合，能有效地调动学生的学习兴趣，在潜移默化中帮助他们形成正确的生命观。当然，面对小学阶段的孩子，生命这个话题过于沉重，再繁复的文字、再深刻的话语也无法让其充分认知。那么，作为教育工作者又该如何引导他们认识到生命的重要和宝贵，让学生真正地热爱生命？大道至简，也许一本简单的绘本就能带给学生一段生命教育之旅，一切无法从口中阐述的道理，都可以在绘本里温馨、细腻的图画中浮现出来。绘本与生命，在我看来，两者就像童话与现实，既帮助学生珍重生命，又保护着他们的内心。

【教学目标】

1. 通过阅读绘本，对宝宝的由来有大致的了解，知道宝宝是由精子和卵子结合发育而成的。

2. 了解自己和爸爸妈妈长得像的地方，以及和爸爸妈妈相同的擅长和不擅长的地方；感受亲子之情。

3. 知道生命的来之不易，要喜欢并爱护自己的身体。

【课前准备】

1. 准备《小威向前冲》电子绘本。

2. 把班级学生分为 5 个小组。

3. 交流疑问的讨论纸，每小组一张。

【教学过程】

一、了解绘本，导入共读

1. 同学们，今天我们要读一本绘本，你们以前有阅读绘本的经历吗？谁愿意和大家分享自己的阅读经历？

2. 绘本对于我们低年级的小朋友来说，是有趣又富有意义的，能让我们在享受阅读的过程中收获道理。这节课，我们一起来读绘本《小威向前冲》。

出示:《小威向前冲》绘本封面。

二、师助生读绘本,引发疑问

(一)合作初读绘本

1. 谁能读对绘本的题目?

2. 请大家仔细看看图片,你们觉得小威是谁呢?

3. 绘本的书名是《小威向前冲》,这里的"冲"是什么意思?

4. 谁能站出来给大家表演一下向前冲的样子?

5. 让我们再来读一读书名,要读出向前冲的感觉,"冲"字读得响亮些。

6. 小威想冲到哪里去呢?就让我们来看看这本书吧!老师把绘本分为三个部分,让我们通过开火车的方式一起合作读读这个绘本。

按顺序出示故事。

7. 师:在同学们齐心协力的努力下,我们把绘本读完了,老师为你们感到自豪!

(二)再读绘本,加深印象

1. 师:你们现在知道小威是谁了吗?

出示:小威是个小精子。

学生回答预设:小威是个小精子。

2. 师:这个小精子住在什么地方呢?

出示图文:他就住在布朗先生的身体里。

喏,就在这里。

学生回答预设:他住在布朗先生的身体里。

3. 师:小精子有没有邻居?

出示图文:还有三亿个小精子和小威住在一起,这真是个大家庭啊!

学生回答预设:他有三亿个邻居呢!

4. 师:布朗先生和太太快要结婚了,小威和他的邻居们在认真地练习游泳,他们都想获得比赛的冠军。冠军的奖品是什么呢?它藏在哪里?

出示图文:冠军的奖品只有一个,那是一个美丽的卵子。这个卵子将在布朗太太的身体里等待着冠军。就在这儿!

学生回答预设:奖品是一个美丽的卵子,它在布朗太太的身体里。

5. 师:时间过得很快,在布朗先生和太太结婚的这一天游泳大赛即将开始。

学校为小精子们准备了哪些赛前装备?

出示图文:游泳大赛的日子终于到了,老师发给每个小精子一副蛙镜,一个号码牌,还有两张地图。

一张是布朗先生的身体地图;还有一张是布朗太太的身体地图。

学生回答预设:蛙镜。

学生回答预设:号码牌和两张地图。

6. 师:小威的数学不太好,他看不懂地图,谁能帮帮他?

出示图片:两张地图。

生在屏幕旁指示方向。

7. 师:想要赢得这场比赛,路线一定不能走错!

8. 师:小威通过努力赢得了冠军,但是他不见了!接下来,神奇的事情发生了,它变成了什么?

出示图文:可是小威去了哪里呢?没有人知道。只是,当小娜渐渐长大,开始上学了……

学生回答预设:它变成了小女孩!

学生回答预设:它变成了小娜!

9. 师:同学们,你们喜欢这个绘本吗?请小组讨论一下。(播放愉悦的讨论背景音乐)

10. 师:看来大家都喜欢这本绘本,那读完了绘本,你们有什么疑问吗?请同学们小组交流,把疑问写在交流纸上。

11. 师:同学们可真会提问,那我们来投票决定今天要讨论哪个重点问题。

三、合作探究问题,发现生命起源

1. 师:我们先来看看绘本,了解小娜是怎么出生的。

出示图文:接下来,奇妙的事情发生了!很美妙!也很神奇!有个小生命开始成长了!

小生命不停地长啊长,长得比卵子还大,最后,把布朗太太的肚子也撑得鼓鼓的!

布朗太太的肚子越来越大……它长啊长啊长,直到……

呀!小宝宝降生了!是个可爱的小女孩呢,爸爸妈妈叫她小娜。

2. 师:那精子和卵子是哪里来的?

3. 师：你们能不能从小娜身上看出布朗先生和布朗太太的影子？

出示图文：可是小威去了哪里呢？没有人知道。只是，当小娜渐渐长大，开始上学了……

她发现自己的数学实在是不好……

不过，她可是个游泳的高手！

4. 师：同学们观察得很仔细，那你们有没有像爸爸妈妈的地方呢？这是我们班同学和爸爸妈妈的照片，你们觉得他们和爸爸妈妈长得哪里像呢？

5. 师：看来，我们都和小娜一样，遗传了爸爸妈妈的外貌特点。除此之外，小娜擅长游泳，不擅长数学，这和谁一样呢？

6. 师：是呀，小威就是布朗先生身体里的小精子，说明布朗先生擅长游泳，不擅长数学。你和爸爸擅长和不擅长的事有没有相似的？

7. 师：经过交流，我们知道了，同学们不仅遗传了爸爸妈妈的外貌特点，还遗传了爸爸妈妈擅长或者不擅长的事情。这足以证明了我们和小娜一样，也是由爸爸的精子和妈妈的卵子结合而成的。面对擅长的事情，我们要学会表现自己，面对不擅长的事情，我们要感到难过吗？

8. 师：是啊，每个人都有自己的优点和缺点，我们要正确地认识自己，勇敢地接受自己的缺点和不足。从绘本中我们了解到，小威战胜了三亿个精子，才有机会成为小娜，说明我们的生命来得非常不容易，那我们要如何对待我们的生命呢？

9. 师：你说得很对，我们要喜欢并爱护自己的身体。那应该怎么做呢？请同学们小组交流。

10. 师总结：我们的生命就像小娜一样，是爸爸的精子和妈妈的卵子在一起后有了我们。我们每个人都遗传了爸爸妈妈的外貌特点和优缺点，我们要学会接纳自己，喜欢并爱护自己的身体。生命来之不易，我们要感恩爸爸妈妈给予我们生命，好好珍惜自己的生命。

【教学反思】

一、在小学阶段开展生命教育的原因和意义

在低年级开设绘本生命教育有着特殊的意义。在这个信息爆炸的网络时代，学生们面对的信息量已经超出了这个年纪能消化的范围，各类信息都爆炸似的冲击着他们尚未搭建起来的价值观。时常会有某名人因病去世、某人跳楼等关于死亡的媒体信息，让年幼的孩子们对死亡充满着好奇和疑惑。不仅如此，随着学业压力的增大，学生的内心充满焦虑、压力，极少数学生模仿新闻和电视情节，做出了漠视生命、不珍惜生命的过激行为。如果没有人为他们解释生命的意义、开展生命教育，懵懂的小学生会持续迷茫，甚至随着年龄的增长而形成错误的生命观。他们的人生和生命像惊涛骇浪中的小船，不知该往何处去。为了学生的健康成长和未来，生命的教育在如今迫切需要开展。

生命对每个人来说都是最珍贵的宝藏，它是唯一的、不可替代的。生命从受精卵形成的那一刻开始，直到生命的终结。正因为有了从出生到死亡的短暂过程，让有限的生命变得意义非凡，每个人的生命都应该过得多姿多彩。开展小学生命教育的目的是帮助小学生知道生命的由来、找到生命的价值、创造自己的价值。把生命教育渗透于小学德育课中，有助于培养学生健全的人格，帮助他们学会珍惜、热爱生命，学会关心他人，学会接受死亡。除此之外，还能维护家庭、社会的稳定。

二、绘本在生命教育中的价值

好的绘本读起来新奇动人，用精致的画风说尽生命的美好，一段简单的配文胜过千言万语。比如《小威向前冲》和《乳房的故事》，让学生学到了成人难以启齿的性教育，我读完后不禁感慨，性教育原来也可以如此天真美好。起初，在孩子的眼里，男孩和女孩是一样的，但慢慢地，一样的我们又有着很多的不一样，这种不一样引起了孩子们的好奇，这是一种天性。在好奇心的驱使下，孩子们会想方设法地去了解，这时候通过绘本的疏导，就会给孩子们形成一个健康的性观念。性知识从来都不需要藏着掖着，了解性知识，能让孩子更懂得控制冲动以及保护好自己。慢慢地，这份美好的性知识会让他们对生命产生好的愿景，知道生命来之不易，引领孩子探索生命的价值。

三、开展德育课堂，让绘本开出生命之花

我以《小威向前冲》为例，详细介绍我是如何将绘本融入生命教育中的。

1. 《小威向前冲》绘本简介

《小威向前冲》是儿童性教育的启蒙绘本。以绘画和简短文字结合的方式介绍了宝宝是由精子和卵子结合发育而成的。该绘本把复杂的遗传学和生物学知识形象化、简单化，适合作为素材给低年级的学生讲解生命的由来。

2. 完成课程目标：认识自己、接纳自己

在进行课程设计时，我发现绘本对成年人来说是容易阅读和理解的，但是对于低年级的学生而言,可能会读了后面忘记前面,没有办法完全理解绘本所讲的内容。因此,我把这本绘本分成了三个部分,分别是认识小威、参加游泳比赛、知道宝宝是由精子和卵子结合发育而成的。这样能引导学生按照顺序慢慢理解绘本的内容,加深对每个部分的印象。下面我就需要完成的四个小目标进行教学反思。

目标一:喜欢并爱护自己的身体

小学生对自己的身体充满着好奇,所以会做出各种各样奇怪的举动,让老师和家长无可奈何。比如:在课间十分钟,孩子们会玩"戳戳戳"的游戏,也就是互相戳对方的隐私部位。还有男生跑到女厕所、女生跑到男厕所等。其实孩子们的这些"小游戏"并不是有意而为之,反而是体现了他们对自己的身体和别人的身体的好奇。但与此同时,这也隐藏了相当大的危险,对孩子们的隐私和身体安全造成了威胁。因此,在本节课上,我着重教学生认识自己的身体,喜欢并爱护自己的身体,这一点是非常有必要的。

《小威向前冲》绘本中既有生命的由来又有男女的不同身体构造,是小朋友们对身体认识的启蒙。在教授过程中,我引导学生认识了小精子,带着他们与小精子一起准备和参加了游泳比赛,感受到了小精子的努力和坚持,从中潜移默化地让学生体会到生命的来之不易。让学生自己感受到,我们要喜欢并爱护自己的身体。我还抛出问题:既然生命来之不易,我们要如何保护自己呢?学生们七嘴八舌地讨论起来。有的说:"我不能做危险的事情!"有的说:"不能在课间和同学打闹。"在讨论中,孩子们慢慢学会了如何爱护自己的身体。

目标二:喜欢自己的优点,能尽可能多地说出自己的优点

现在的虎爸虎妈们对孩子们的要求都很高,比起挖掘孩子们的优点,更注重文化课的成绩,而忽略了他们的天赋,导致孩子们没有自信,找不到自己的优点。《小威向前冲》中,小娜找到了自己的优点,那就是游泳。我引导学生们回忆自己的爸爸妈妈擅长什么?自己有没有和爸爸妈妈一样擅长的地方?在学生们的激烈讨论下,我看到了他们的兴奋,学生们在交流时一改往日的"小嗓门",微笑着响亮地回答:"我和妈妈一样,擅长唱歌。每次去 ktv,我们的歌声总会迎来掌声!""我和爸爸一样,都跑得很快!我小时候,妈妈都追不上我!"那些平时缺乏自信的同学也积极地回答老师的问题。在学校里,大家更注重孩子的学习能力,其实除了学习以外,孩子们都有着各种各样尚未挖掘或者大家没有发现的优点。

这节课的交流,给这些平时不出彩的同学带来了前所未有的自信。他们也惊讶地发现:原来我自己有这么多的优点!

　　目标三:能正确认识自己,勇敢地接受自己的缺点和不足

　　孩子们不仅要挖掘自己的优点,还要勇敢地接受自己的缺点和不足。在教学过程中,我顺着小娜的缺点,让大家勇敢地讨论自己的缺点。这时的学生们不像讨论自己的优点那样兴奋并勇于发言了,大家都面露难色。我顺势抛出问题:面对擅长的事情,我们要学会表现自己,面对不擅长的事情,我们要感到难过吗?有位学生回答:"我有时候会感到难过,觉得自己做得不够好,但是我也有比别人好的地方。"这是非常真实的感受,我们可能为自己做得不好的地方感到难过,但是要勇敢地接受自己的缺点和不足,要知道每个人都有自己的优点和缺点。

　　目标四:在集体活动中不胆怯,做个活泼有生气的孩子

　　低年级的学生有着许许多多的奇思妙想,他们的求知欲非常旺盛。在整个教学过程中,我有目的地设计几个引发学生思考、激发其求知欲的问题。例如:你们觉得小威是谁呢?这样的问题让学生发挥自己的想象力去猜测,再带着疑问走进绘本,进行有效的阅读。绘本阅读本就是孩子们喜欢的课程,所以在集体讨论中,孩子们都全身心地投入,在活动中不胆怯,都成了活泼有生气的孩子。特别是在讨论对绘本的疑问时,同学们讨论得异常激烈,在小组交流的过程中,同学们都愿意表达自己的想法,有些同学还帮助解答其他同学的疑问,所以最后筛选出的都是有质量值得思考的疑问。

　　四、课堂不足及感受

　　本堂课是我教学生涯中第一次上儿童哲学绘本课,是我不擅长的。为了能上好这堂课,我网上查询资料,借阅《绘本课程这样做》,边模仿边摸索着上完了这堂课。其中肯定有许多的不足,比如绘本故事讲得太快了,低年级学生可能一下子难以记住故事的细节内容。学生们提的问题没有全部解答,只关注了其中一个问题。还有一些提问的方式欠妥,可能不适合低年级学生的思维方式。希望以后能有更多的机会上这样的绘本课,给学生带来新鲜、有意义、与众不同的课堂。

《我是女孩,我弟弟是男孩》教学设计

上海市实验学校附属光明学校　卫黎敏

【教学目标】

1. 通过看图画、读文字、讨论等活动,了解男孩和女孩的相同之处和不同之处。
2. 认识自己的性别,感受自我的成长变化。
3. 在阅读故事的过程中,初步发展自我意识,感受阅读的快乐。

【教学过程】

一、故事导入

1. 师:同学们,今天老师给你们带来了两位可爱的小朋友。来,让我们一起来认识他们吧!

师:同学们,一起看封面,你们有什么问题吗?(出示绘本封面图片)

生:他们是两个是什么关系?他们两个在哪里?他们去那里干什么?

师:我们再来看看完整的封面。看了这本绘本的题目,你读到了什么信息?

生:他们一个是姐姐,一个是弟弟。

生:姐姐是女孩,弟弟是男孩。

师:看了这个标题,你们有什么问题?

生:男孩和女孩有哪些相同的地方和不同的地方?

生:他们长大了会变成什么样子?

生:为什么一定要有男孩和女孩?

师:今天就让我们带着这些问题,一起来读读这个绘本故事《我是女孩,我弟弟是男孩》。(师生共读书名)

师:简单介绍两位韩国作者郑智泳和郑惠泳。(她们两个是一对从事艺术工作的姐妹花妈妈,先后生了各自的孩子后,合作完成了这本书。)

二、我们相同,我们又不同

1. 思考:男孩和女孩有什么相同的地方?

师:看看这对姐弟,他们有什么相同的地方吗?

生:从外表看起来他们很像,他们都有手有脚,有鼻子有眼睛。

师:还是小孩的他们,从外表看起来还是很像的,他们总爱待在一起。我们一起来读读这三页,他们正在一起干什么呀?

生:他们一起给小鸡喂食,玩得很开心。看到对面有一只狗,他们都有点害怕,就一起抱住了妈妈的腿。

师:是呀,他们都喜欢玩耍,都害怕小狗。他们一起做很多很多的事情,姐姐和弟弟在一起,玩得多开心呀!

2. 思考:男孩和女孩有什么不同的地方?

师:但有时他们又不得不分开,这是为什么呢?让我们一起再往后读,他们什么时候要分开呢?

生:他们去公共洗澡堂的时候要分开。

师:对呀,姐姐要跟着妈妈去女生澡堂,而弟弟是要跟着爸爸去男生澡堂。

师:他们还有什么是不一样的?

生:撒尿的时候,也不一样。女孩是坐着尿尿的,男孩是站着尿尿的。

师:大家看看书上的图片,男孩是坐着尿尿,女孩是站着尿尿,行不行呀?

生:不行的。

师:你们知道这是为什么吗?

生:因为他们的性别是不一样,男孩有小鸡鸡,要站着尿尿;女孩有私密地带,要坐着尿尿。

三、爸妈的不同,创造了我们

1. 思考:长大后的他们又会有什么不一样呢?

师:因为性别,小时候的他们已经存在不同了。观察图片,长大的他们发生了怎样的变化呢?

生:当女孩长成像妈妈那样的女人,个子长得高高的,腰变得细细的,乳房也会变大,身上还会长满细细的汗毛。

生:当男孩变成大人的时候,变成像爸爸那样的男人,个子也会长得高高的。肩膀会变得很宽,声音会变得很粗很粗,身上会长满浓密的汗毛。

师:是呀,等男孩和女孩再长大点,变成大人的时候,他们的身体就更加不一样。

师:男孩子长大了能变成谁?

生:男孩子变成哥哥、叔叔、爸爸、爷爷。

师:女孩子长大后能变成谁?

生：女孩子变成姐姐、阿姨、妈妈、奶奶。

师：他们就成了一个个家庭的成员。

2. 思考：为什么女人和男人的身体不一样呢？

师：让我们来连连线，我们的家庭成员中，哪些是女性，哪些是男性呢？

生：我是女孩，妈妈是女人，爸爸是男人。

生：我是男孩，妈妈是女人，爸爸是男人。

师：看来，我们都有爸爸和妈妈，所有的爸爸都是男人，所有的妈妈都是女人，男人和女人一起组建了家庭。正是因为爸爸和妈妈的不一样，我们才能出生在这个世界上。谁在绘本上找到了线索，请大声地把它读出来。朗读时，请关注句子中表达观点或情绪的词语，并根据这些词有感情地进行朗读。

生：私密地带和小鸡鸡，是我们用来生小宝宝的，非常非常珍贵的地方。

生：妈妈用整整十个月的时间，在肚子里养育自己的宝宝，是不是很了不起啊！宝宝出生以后，爸爸和妈妈两个人共同分享宝宝成长的喜悦。因为宝宝是爸爸和妈妈两个人共同创造出来的啊。

生：妈妈告诉我说，女人的乳房是用来养育自己的孩子的。

师："非常非常珍贵、很了不起、喜悦"，等等，你们注意到这些词了吗？正是因为爸爸妈妈的不同，创造了一个个幸福的家庭，创造、养育了他们最爱的孩子，人类才能一代一代地繁衍下去。

四、游戏巩固

1. 角色朗读，回顾故事

师：同学们，让我们一起来重温这个关于男孩和女孩的故事吧！

故事内容：我们总是在一起玩得很开心。我是女孩，我弟弟是男孩。弟弟和我有很多一样的地方。弟弟和我也有很多不一样的地方，去公共洗澡堂的时候，我去的是女洗澡堂，弟弟去的是男洗澡堂，我们真不愿意分开啊。撒尿的时候，我们也不一样。我是坐着尿尿的，弟弟是站着尿尿的。

"知道为什么这样吗？"

"我不知道。"

"因为我们一个是男孩，一个是女孩啊！"弟弟有小鸡鸡，我有私密地带，这就是弟弟和我身上不一样的地方。

等我们再长大点，变成大人的时候，我们的身体会更加不一样。当我长成像妈妈那样的女人,我会个子长得高高的,腰变得细细的,乳房也会变大,身上还会长满细细的汗毛。弟弟变成大人的时候,变成像爸爸那样的男人的时候,个子也会长得高高的,比我还要高。他的肩膀会变得很宽,声音也会变得很粗很粗,身上会长满浓密的汗毛。

"爸爸,为什么我的小鸡鸡这么小呢?"

"等你变成大人的时候,你的小鸡鸡就会和爸爸的一样大了。"

爸爸告诉我说,就像个子长高了,体重也会跟着增加一样。

"妈妈,为什么你的乳房比我的乳房大呢?"

"等你变成大人的时候,你的乳房就会和妈妈的一样大了。"

妈妈告诉我说,女人的乳房是用来养育自己的孩子的。

"为什么女人和男人的身体不一样呢?"

"不知道。"

"是为了生小宝宝,对不对?"

私密地带和小鸡鸡,是我们用来生小宝宝的,非常非常珍贵的地方。我,还有我弟弟,正是因为爸爸和妈妈不一样,我们才能出生在这个世界上。只有女人,才可以生小宝宝。妈妈用整整十个月的时间,在肚子里养育自己的宝宝,是不是很了不起啊!宝宝出生以后,爸爸和妈妈两个人共同分享宝宝成长的喜悦。因为宝宝是爸爸和妈妈两个人共同创造出来的啊。

我们仔细地看看自己的周围,没有哪个小朋友的爸爸和妈妈都是男人吧?也没有哪个小朋友的爸爸和妈妈都是女人吧。所有的小朋友,爸爸是男人,妈妈是女人。

我是女孩,我弟弟是男孩。我们都是最珍贵的人。虽然我们有不一样的地方,但我们永远相亲相爱。

"孩子就像种子,都会按照本来的样子破土成长,我们要做的就是给它充足的阳光、空气、水分和适当的养料,然后静待花开。"

2. 观察图片,分辨男女

师:请仔细观察图中人物的身体特征,说说哪张卡片是男的,哪张卡片是女的。

3. 图片排序,感受成长

师:男生选择男孩成长拼图,女生选择女生拼图,根据他们的成长过程进行排序。

生：学生交流排序结果。

师：随着你们的长大，你们的身体会经历一些变化，请你们不要紧张，不要难为情，这是每一个人在成长过程中，都会经历的变化。

4. 穿衣服，学会自我保护

师：选一选衣服卡片，为图中女孩和男孩穿上所需要的衣服，说说他们为什么要穿这些衣服。

生：男孩和女孩都要穿内裤，女孩还要穿小背心。另外，女孩穿连衣裙和丝袜，男孩穿 T 恤和裤子。

师：他们穿的衣服一样吗？

生：男孩和女孩的衣服有的是不一样的。

师：他们为什么要穿这些衣服呢？

生：男孩和女孩穿衣服是为了保护他们的身体。

师：我们每个人的每个身体部位都是非常珍贵的，我们要学会保护好它们。

五、课后延伸

1. 和爸爸或妈妈洗一次澡，认识身体的变化，了解长大后的自己
2. 认识内裤和背心
3. 区分男女厕所

师：男人和女人上厕所的习惯是不同的，所以男厕所和女厕所也是不同的。请找出他们不一样的地方。

六、板书设计

我是女孩，我弟弟是男孩
（绘本）

姐姐——女孩——女人　　弟弟——男孩——男人

相同点：身体　喜好

不同点：洗澡　上厕所　长大后的样子

不同的他们结合在一起，创造了美好的生命

【教学反思】

随着孩子慢慢长大，会发现男孩和女孩之间的一些不同，也开始有了各种各样的问题。要怎么讲，或是怎么面对孩子的提问，成为我们不得不考虑的问题。

《我是女孩，我弟弟是男孩》这本绘本，是一对姐妹花妈妈送给自己孩子的生命礼物，是韩国性教育的经典之作。书中体现了对儿童性教育的深刻理解，用孩子的语气来讲解他们可以理解的不同之处，生动的图片也能帮助低学段的学生们更好地理解故事的内容，学习有关性别的知识。于是我选择了这本绘本，希望能解答孩子们心中的疑问。

一、问题贯穿绘本阅读，活跃学生思维

让学生带着问题进行阅读，既可以激发学生的阅读兴趣，也可以培养学生良好的阅读习惯。让学生自己提出问题，可以培养学生的"生疑"意识。所以，在正式进行绘本阅读之前，我先让学生观察封面内容，提出他们的疑问。接着以他们的问题贯穿绘本的阅读，引导学生带着问题进行绘本的阅读，通过阅读寻找问题的答案。

学生提出问题的顺序是随机的，缺乏层次性。通过几次试教，我大致了解了学生们可能会提出的问题，并理清这些问题的逻辑关系和层次，安排解答这些问题的先后顺序。接着，我引导学生分几次进行绘本阅读，根据问题的层次，先后解决以下几个问题："男孩和女孩有什么相同的地方？""男孩和女孩有什么不同的地方？""长大后的他们又会有什么不一样呢？""为什么女人和男人的身体不一样呢？"这样问题的顺序就是由简到难，由浅入深。学生带着这些问题进行绘本阅读，可以活跃思维。学生通过阅读获取信息，寻找他们想要知道的答案，自己构建有关"男孩和女孩"的知识。这种通过阅读，自己解决疑问的建构式学习，要比教师直接教给学生的接受式学习更有效，还能逐步养成良好的阅读习惯，避免无效阅读的发生。

二、联系学生实际生活，寻找适合的切入点

由于很多大人没有通过较好的方式去回答孩子在成长过程中产生的有关性别的问题，很多孩子也会变得羞于回答这方面的问题。如何在每个环节调动孩子的学习兴趣，大胆地参与课堂活动，是我最先遇到的一个问题。所以在课前我反复阅读绘本内容，制作绘本课件，课前随机选择一些同学进行相关问题的聊天，寻找贴近学生生活的切入点，把生理知识与真实生活相结合，由浅入深，帮助孩子了解性别的差异。

首先，我引导学生观察封面内容，引出故事的主人公，引入故事的主题《我是女孩，我弟弟是男孩》。在讨论男孩和女孩的不同之处时，我先让学生们阅读绘

本的前几页,讲讲男孩和女孩的相同之处,爱玩耍、喜欢喂小鸡、怕小狗等都是很多学生的相同之处,课堂气氛一下子被调动起来了,学生们不再拘谨,明显放松了很多。在讲爸爸妈妈共同创造了孩子之前,我选择了以孩子们熟悉的家庭成员作为切入点,再去谈及"私密地带和小鸡鸡,是我们用来生小宝宝的,非常非常珍贵的地方"。最后游戏巩固环节,以衣服为切入点,引导学生们要珍惜自己的身体,爱护自己的身体。

三、营造气氛及时提炼,让学生坦然接受

让孩子认同自己的性别,对于孩子的成长和心理发展有着很重要的作用。但在几次试教的过程,却发现有些同学不敢大声地读出绘本上的内容,不敢仔细去观察身体的特征,看了一些图片,却觉得自己好像做错了事一样。我不断思考,能做些什么,避免教学过程中的尴尬。为了不让孩子对于性方面的知识产生羞耻感,我尝试了以下两种方法。

首先,营造良好的讨论氛围,用科学的知识回答孩子。其实一开始,我也有点不好意思,但我发现我的拘谨直接影响到了孩子们的情绪。所以,我要做的就是自己先要避免羞涩和回避,并让学生知道自己是在阅读绘本,是在学习科学知识。然后,我先请几位外向的学生参与讨论,让他们调动课堂讨论的氛围。再让孩子们以阅读故事的方式,解答心中埋藏很久的疑问。最后,我设计了学生喜欢的游戏,让学生离开绘本,通过"分辨男女""图片排序""穿衣服"这三个游戏,帮助学生巩固有关性别的知识。

其次,有感情地朗读,帮助孩子明白男女差异的巨大意义。我以家庭成员为切入点,创设温暖的朗读情境。学生朗读时,让他们关注表达观点或情绪的词语,并根据这些词有感情地进行朗读。比如读"私密地带和小鸡鸡,是我们用来生小宝宝的,非常非常珍贵的地方。"时,要关注"非常非常珍贵";读"妈妈用整整十个月的时间,在肚子里养育自己的宝宝,是不是很了不起啊!"时,关注"很了不起";读"宝宝出生以后,爸爸和妈妈两个人共同分享宝宝成长的喜悦。"时,关注"喜悦"。通过关注这些关键词,转移学生原有的羞涩情绪,让他们在有感情的朗读中,明白正是因为爸爸妈妈的不同,创造、养育了他们最爱的孩子,创造了一个个幸福的家庭,人类才能一代一代地繁衍下去。

这节课的教学设计也存在不足的地方,那就是最后一个环节的课后延伸。课后的互动中,发现很多同学其实已经和父母洗过澡,认识内裤和背心。这样课

后延伸并没有实现这个环节的提升作用。所以,需要课后通过多种方式了解学生们想要知道的相关知识、心中还没解答的内心疑问,再为学生推荐相似的绘本或书籍,设计其他针对性的趣味活动。

  作者在绘本的最后写了这样一段话:"孩子就像种子,都会按照本来的样子破土成长,我们要做的就是给它充足的阳光、空气、水分和适当的养料,然后静待花开。"作为教育者,我们要给孩子正确的性别教育,进行正确的启蒙性教育。我想一节课,并不能解决孩子心中所有的疑问,但至少可以让他们更坦然地去直面自己的疑问,更敢于说出心中的想法,懂得通过有效的书本阅读,解答自己心中的疑问。

第二章　尊重生命的成长

马克思说过,在其现实性上,人是一切社会关系的总和。

我们成年人当然会明白,每一个个体并不是独立存在的。在社会分工日益精细化、日益专业化的时代,我们不是生活在孤岛的现代鲁滨逊,没有任何人可以脱离他人的存在与付出而独立生活。但作为成年人的我们常常忽略的是:孩子也有自己的社交活动,有属于少年儿童本身的"朋友圈"。在这个"圈"中,孩子需要遵循各种各样的社会规则,尊重各种各样的性格,理解各种各样的个体,建立各种各样的联结。

调查研究表明,绝大多数青少年儿童在社交实践中并不是一帆风顺的。特别是小学低阶段的孩子们,都是家中"4+2+1"关爱模式下的心肝宝贝,都具有强烈的以自我为中心的意识,习惯了家长围绕着转,自我表达的欲望比较突出。与此同时,他们对社会规则的认知还非常欠缺,社交表达技巧不成熟,对很多社交理念的运用还处在模糊的甚至空白的区域。

因此,当一个孩子接触到家庭之外的社会领域,如进入小学开启新生活时,就像一块棱角分明(自我意识强)的石子被放入一堆同样棱角分明的石头里,摩擦与碰撞注定是在所难免的。此外,每个儿童本身都具有强烈的自我防御机制,在社交中又常常会遇到一些不可避免的利益冲突(如教师关爱、同伴友谊等),于是就会产生各种各样的冲突、矛盾、障碍……

这些问题是否可以化解,孩子们是否可以接受,如何解决这些冲突或矛盾?我们的孩子就像一块璞玉,只有经历了挫折和冲突的打磨,才会发出动人的光泽。换言之,孩子们的社交互动活动本身就是一种冲突和碰撞的过程,而这一过程对个体成长不可或缺,能够满足孩子人格完善和全面发展的需求。

试想一下如此场景:一个孩子在家里遇到了不顺心的事儿,采用不停哭闹的方式引起家人关注,很快就会有人来讨好、安慰。久而久之,孩子自然就会明白:只要我不开心了,一旦采用吵闹的方式来发泄我的不满,大家就会争先恐后地围上来关心我、在意我。一个孩子如若长期困守于这种唯我独尊的氛围中,毫无疑问,个体不可能有所发展,更谈不上任何成长。恰恰相反,他只会形成一种"巨婴"型人格。

随着时代的发展,思想观念的不断开放,时至今日,我们的家庭普遍重视孩子的身心健康发展。例如,在做出重要家庭决策时,家长们往往将孩子的需求放在首要位置,唯恐心肝宝贝受了什么委屈。然而,家长们往往忽略了,其实各类挑战、各种挫折甚至是意外,这些都是孩子成长过程中必不可少的经历。正是得益于这些经历,孩子们才能理解社会的规则,锻炼社交的技巧,在互动中了解他人、重新审视自己和他人的关系,也重新审视自我,从而减弱以自我为中心的习惯思维,学习改变表达与索取方式,学习调整与不同人相处的社交模式。

作为成年人,尤其是教师和家长,必须明白,孩子的成长过程中一定有痛楚,也一定有烦恼,这些都是不以我们的意志为转移的,都是无法避免也不可或缺的。我们更应该相信,每个孩子都是坚韧的、有承受能力的,面对成长道路上的挫折和冲突,是有能力独自处理和判断的。因此,当孩子遇到一些小困难、面临一些挑战时,教师和家长该如何帮助孩子解决是一个现实问题。一方面,我们要注意保护好孩子的自尊心;另一方面,也要注意给孩子合理适当的空间,教授一些与小伙伴沟通的方法和技巧,尝试着让孩子自己去处理。在校园生活中,我们常常会遇到这些场景:有不少家长对孩子被同伴欺负、与其他小朋友发生冲突极其敏感,容易暴跳如雷,产生各种负面情绪,如质问孩子、训斥班主任、投诉校长、信访教育主管部门,甚至采取更极端的方式去解决。家长的种种行为,看似是保护孩子,其实是非常不妥当的。这无异于用成年人的观念,对孩子强加干涉,简单粗暴地干扰孩子的成长,越俎代庖地给孩子的困难和挫折赋予定义。很多家长以为自己的判断都是对的,自己所做的一切都是为了孩子好,然而他们却没有倾听孩子的心声,忽视了孩子的感受,更没有俯下身子,站在孩子的视角来思考问题,于是孩子自身对问题的感受和认知被直接忽略了,挫折教育的重要性也一概被屏蔽,这对孩子未来的社交互动积极性将产生强烈的危害性。

如何转变观念,破解这一难题?绘本故事或许能为我们的选择提供一个不错的参考,让孩子认识到"被欺负"或是与小朋友有冲突并不可怕。相反,孩子们可以通过冲突让自己变得强大而勇敢,从而理解一切困难都不可怕。

《别想欺负我》就是讲述了一个这样的故事。小姑娘吉姆在上学路上和学校里,受到两个坏家伙的欺负。吉姆一开始很害怕,但她在得到路人大哥哥的仗义相助、老师布鲁默的鼓励和启发后,迅速成长,用自己的方式,妥善解决了困难。她还从事件中总结了"我们没法改变破烂的盒子,不过,我可以改变自己,让自己变得强大"的人生哲理。

  布鲁默老师在地上摆了许多白色的大纸盒,给大家每人分了一个。"今天,大家都要把自己的宝盒装满。"布鲁默老师说,"每个人都有很多的优点,比如会唱歌、会画画、会做手工,我们现在就找出自己的优点,把它们装进宝盒里。如果,你们只想让这些优点成为自己的小秘密,就让它们待在宝盒里盖上盖子。"原来是这样啊,吉姆认真地想了想。"要是有谁想让大家看看自己的优点,那就打开宝盒的盖子,这样大家就都可以看见了。"布鲁默老师接着说。"太棒了!"孩子们欢天喜地地叫起来,"那我们什么时候开始呢?""是画下来,还是写下来?""都可以呀。"布鲁默老师说,"大家认为怎么好就怎么做吧。其实,你们每个人身上都藏着许多优点。""可是,那些优点到底藏在哪里呢?"吉姆问,"会不会装在肚子里呀?"凯伊咯咯地笑着。"要不就是在耳朵里。""在我那颗已经摇晃的大牙里吧。""很可能哦,"布鲁默老师回答,"不过,每个人的优点都各不相同。""我的优点就是我的脚。"保罗马上就理解了布鲁默老师的意思,他是足球队的前锋,射门可是他的拿手好戏,他不仅踢足球很厉害,跑步也很棒。卡莉的歌唱得很好听,罗伊斯讲起话来头头是道,飞利浦的算术好着呢!"是的,大伙可真棒!"布鲁默老师说,"还等什么呢?赶紧把这些优点装到宝盒里去吧。有时候,一首歌也能让你记起一些优点呢。"布鲁默老师拿出一把吉他,轻轻地唱起了一首歌,这首歌的名字叫《优点歌》。起初大家只是好奇地听着,一会儿拍手,一会儿跺脚,一会儿敲鼓,最后都跟着老师合唱了起来……

从上述绘本信息的节选中,我们不仅可以引导孩子正确看待和面对"被欺负"这件事情,还可以引导孩子理解每个人都有自己的优点,都有只属于自己的神秘"宝盒"。

  在引导过程中,我们也可以采用优势视角这一方法与孩子平等相待。无论是教师还是家长,都要立足于发现和寻找、探索和利用孩子自身的优势与潜能,支持和协助他们发挥自己的才能,一步步实现教育目标,帮助孩子实现梦想。

  我们常常说,孩子是花园里的花朵,请相信,每一株花草都遵循着自己生命成长的节奏,每一朵花都拥有自己独一无二的色彩。花朵守护者的工作其实很简单,那就是因势利导,为其提供适宜的、恰到好处的养护。正如我们在培植花草树木的过程中,一定要去选择适合它们的土壤、肥料,如此才能够培育出繁盛的花草。同样的道理,我们在教育孩子的时候也需要根据实际情况因材施教,从而最大限度地发挥孩子的优势和长处。

善用优势视角意味着不能一味地指责孩子,只看到孩子不足的地方,对孩子身上的一些短处抓住不放。这种做法是不可取的,也是非常值得警惕的,必须加以改正。在和孩子共同成长的过程中,我们会发现,孩子大多数时候会有不良的习惯。诸如总喜欢乱放文具,铅笔、橡皮、书本随地乱放一通等。对此,家长要善于引导,表扬孩子其他方面的优点,尝试转换视角,用优势视角看待孩子。我们完全有理由相信孩子有很多优点,赞扬会塑造孩子积极健康的心理状态。如果我们只是紧盯着孩子的坏习惯无限放大,只是一味地去指责孩子,不仅无益于纠正坏习惯,更会破坏亲子关系,得不偿失,且不利于孩子的健康成长。

心理发展学家霍华德·加德纳通过观察研究脑部受创伤的患者,发现他们在学习能力上存在显著差异,进而在1983年提出了多元智能理论。这一理论的核心观点是:每个人都存在着一定的优势;每个人都具有一定的价值。多元智能理论告诉我们,每个孩子都有先天优势,要善用孩子的优势,因材施教才是硬道理。

这一理论通俗而言就是我们每一个人身上都存在一定的不足之处,但是我们不能一味地把目光聚集在短处上。如果总是这样的话,就会陷入心理的困境。如果反其道而行之,那么效果会大不一样。因此,我们要努力发掘孩子的优势,发掘孩子潜在的能力,善于表扬孩子和鼓励孩子,做一些真正益于孩子成长的事情。

在这一单元中,我们选用了《别想欺负我》《野兽国》《我们和好吧》《我有友情要出租》《利勒比找到一个好朋友》《一粒种子》这些绘本,旨在让每个孩子都意识到尊重生命的成长,即每个人都有自己独特的优势,建立清晰的自我认知,同时也要尊重他人。最重要的是,每个人都生而平等,谁也不会因为自己的优势而高人一等,谁也不会因为自己的缺点而低人一等。在成长过程中,我们要善于运用自己的优势,合理规避自己的短处,学会和他人合作,共同发展。

发现"美"和"优势"的眼神并不是与生俱来的本能,这需要后天的培养和构建。这样的眼神温暖而亲善,这样的眼神善于发现每个人的天赋特长,发现一个个闪光点。每个人都有"优势",都有擅长做、经常做、喜欢做,一旦做起来就会满怀激情的事情。这里所指的"优势"是从通常意义上进行划分的,人致可以分为两种类型:一种是表达优势,主要特征是善于交往与表达,比较典型的是善于绘画、写作、演奏乐器等各类技能;另一种是人格优势,典型的是一些良好的性格品格,比如善良、热心、细致、认真、热情、勇敢等。

大量的青少年儿童调查资料显示,每一个孩子一定在某些方面存在一定的优势。但是现实中这些优势往往被埋没在不易发觉的位置,孩子没有表现出来或者直接被家长忽视了,所以作为孩子成长道路上的引导者,教师和家长要有意识地在孩子的日常生活以及学习中观察他们的优势与天赋,因势利导地帮助其发掘长处和优点,建立自信,构筑起健全的人格,全面发展其能力。

让孩子感觉到自我的价值,帮助孩子发现自身的优势,并帮助他们绽放身上和而不同的闪光点,促使孩子充满乐观和自信,进而不断地进取,开创一片天地,这是我们能给予他们的最好的生命礼物。

《我有友情要出租》教学设计

上海市三灶学校　沈依妮

【教学目标】

1. 理解"出租"的含义,懂得"友情"是需要寻找的。

2. 培养学生阅读的兴趣,分享阅读的快乐。

3. 感悟友情的真谛,知道友情用金钱是买不到的,懂得人际关系中平等尊重的重要性。

【教学过程】

一、从"出租"引出话题,激发兴趣

(一)出示图片:你们看看这是什么?

重点提问:

1. 你们坐过出租车吗?为什么叫它出租车?

2. 出租是什么意思?

小结:

出租就是把自己的东西暂时借给别人,让别人用,但并不是免费的,而是要收取一些费用来作为代价的。

过渡语:

今天老师给小朋友们带来了一本有趣的绘本,讲的也是关于出租的事情,可是他出租的东西很奇怪,是什么呢?我们一起来看看。

(二)观察封面:看到了什么?

(生交流,关注点应在主人公大猩猩上)

故事的主人公就是这只大猩猩,猜猜他要出租什么呢?

二、由"友情"带出故事,寻找答案

(一)理解故事第一部分

重点提问:

1. 原来他要出租友情啊!那什么叫友情出租呢?(根据之前理解的"出租"进行合并解释)

2. 小朋友们,你觉得会有人来出租友情吗?

3. 猜猜看,第二天,咪咪还会来吗? 为什么?

4. 为什么大猩猩觉得很幸福呢?

(故事情节:有时候咪咪教大猩猩玩一二三木头人……大猩猩就乖乖地趴在旁边看,即使不说一句话,大猩猩都觉得好幸福呢!)

小结:

能有这样一个朋友每天跟你一起快乐游戏,是一件多么令人高兴的事情啊!难怪大猩猩觉得幸福呢。

(二) 理解故事第二部分

重点提问:

大猩猩为什么要带上饼干呢?

(故事情节:这一天下午,大猩猩没有带小背包,只是带了几块饼干,就走到大树下等咪咪。)

小结:

好东西应该和朋友一起分享,和朋友在一起,快乐比钱更重要。

(三) 理解故事第三部分

过渡语:

想到马上能和咪咪一起吃东西,一起做游戏,大猩猩心里一定快乐极了。可是,大猩猩等了好久好久,咪咪一直没有来。

重点提问:

1. 咪咪为什么一直没有来呢?(发挥想象力进行猜测)

2. "?!"这个双重符号代表了什么? 请问这只大猩猩……(生答:失望、难过、不理解)多么会听的大猩猩!

3. 看看大猩猩的表情,他在想什么,你听到他在说什么了吗?

(故事情节:大猩猩失望地回到大树下……大猩猩一面啃着饼干,一面想念咪咪。大猩猩这么想念咪咪,可咪咪一直没有回来。后来,大猩猩又在大树上贴了一片叶子,上面写着:我有友情免费出租。)

4. 知道"免费"是什么意思吗?

小结:

"免费"就是不要钱,这片叶子吸引了很多小动物,他们远远地看着大猩猩。

5. 你们猜猜会有哪些小动物来呢? 请重新翻看图片寻找。

（故事情节：一直到今天，那一片叶子都褪色了……大猩猩还在等待下一个朋友。）

三、由"故事"联系自身，增进人际关系

（一）和猩猩做朋友

重点提问：

1. 看着大猩猩在夕阳下等待的背影，你想说些什么吗？

预设：

生1：我感觉大猩猩很孤独。

生2：我想他此刻肯定非常需要一个好朋友陪伴他。

……

2. 有朋友可真好呀。那么在大猩猩的周围是不是真的没有朋友呢？让我们一起到故事中再仔细地找找看。（出示相关图片）

3. 发现谁了？我发现谁在干什么，把话说完整好吗？

原来大猩猩的身边竟然有这么多的小动物，他们都看到了大猩猩和咪咪在一起玩得很快乐，也看到了后来大猩猩在免费出租友情，那他们和大猩猩成为好朋友了吗？这是为什么呢？

小结：

所以，有时候胆大一点，勇敢地伸出友谊的手，主动和对方打个招呼，说说话，玩玩游戏，就能交上朋友。如果只是默默地等着（指着大猩猩）、静静地看着（指着小动物），那是交不到朋友，也没有快乐的啊。同学们，如果你是其中的一个小动物，要想和大猩猩做朋友，该怎么做呢？（仔细观察图片，由浅入深思考）

4. 你们愿意和大猩猩做朋友吗？

预设：

生1：愿意，因为大猩猩很单纯，我喜欢跟单纯的人做朋友。

生2：不愿意，因为大猩猩也不一定愿意跟我交朋友，毕竟他对身边那么多动物都视而不见。

……

（二）友情小讨论（学会尊重的重要性）

过渡语：

学习了这个绘本，老师相信同学们一定更加珍惜自己的朋友了。但是人与

人之间的交往不管怎么样,总归会有点儿小摩擦。老师想请同学们想一想,你跟你的好朋友之间有没有存在什么问题,提出来,我们选择两个问题,一起来找解决办法!

1. 请学生提出关于自己的友情问题。

预设:

生1:我平常跟他玩耍,他经常没轻没重地会弄疼我,说了几次他还是不改。

生2:他经常跟我炫耀爸爸妈妈给他买的东西,总有一种高人一等的感觉。

生3:最近我发现她会在背地里跟其他同学说我的坏话。

……

2. 选择两个问题进行探讨。(师随机点评深入)

小结:

其实每个人的友谊不同,对待友谊的态度也不同,所以老师也不是希望大家按照其他朋友的意见选择。但是同学们要记住,人际交往中平等与尊重是非常重要的。这也是我们每个人都需要慢慢学习的。

(三)感悟友情真谛

过渡语:(出示小学图片)

不知道同学们的好朋友在不在身边呢?

重点提问:

1. 你想对你的好朋友说些什么呢?

2. 你可以用哪些方式来向你的好朋友表达友情呢?

预设:

生1:一起出去玩。

生2:送礼物。

……

3. 你想认识更多的新朋友吗?

一起来做《找朋友》的游戏。(用不同的方法认识新朋友)

小结:

友情用金钱是买不到的,其实一个小小的拥抱、一张自制的贺卡、一首动人的歌曲,就能表达我们对朋友的爱。我们应该好好珍惜友情!让我们和自己的好朋友拥抱一下吧!

【教学反思】

对于儿童来说,绘本是一个很好的载体,他们从中可以学习到一些知识乃至人生的道理。因为绘本文字较少、图画较多,这种形式更易于为儿童所接受。现在的独生子女所共有的一个现象是:独自守着自己的地盘,不主动与身边的人交流,只会默默地看着别人。这些行为不就是绘本《我有友情要出租》中所描述的动物们的表现吗?当我看到这个绘本时,就在想:大猩猩不就是这些孩子们吗?那些默默关注的动物不也是他们吗?

一、从学生实际出发,因材施教

在教学此绘本时,我先结合了第二单元的内容"尊重生命的成长",善用优势视角,因材施教,更多考虑到进一步激发同学们的想象力,唤醒他们丰富的内心世界。在儿童哲学中有这么一点:促进个人及人际关系的成长。这一点跟绘本中关于友情的内容相符合,所以我会更加灵活地运用图片,并且更加注重跟同学们的互动,在教学中广泛传播儿童哲学中关于人际关系的知识。

首先,我根据低年级孩子的心理特点,采取分段教学,使整篇绘本读起来不觉得冗长。把《我有友情要出租》这个故事分成了三个部分:第一部分是大猩猩初次遇见咪咪和她玩剪刀石头布的情形;第二部分则是咪咪和大猩猩一起玩的快乐时光;第三部分是咪咪和大猩猩分离的时候。在设计教案时,我采用语言与画面相结合的形式进行,并且读读停停,使整个阅读过程变得有声有色、形象生动,充分吸引了孩子们的注意力,激发了他们对故事的兴趣,调动了他们的积极性。其次,我又根据低年级孩子的心理特点,在出现某一张图画时,我会用问题来牵引,指导学生一边听故事一边思考一边猜想。教学生带着问题听故事,是提高其理解能力的最好的办法。最后,我又让学生重新翻看了每一张有小动物躲藏起来的图。此时,总会有一些善于细心观察的孩子们指出哪里还有什么小动物。这一环节的设计,吸引了孩子们阅读的兴趣,同时锻炼了他们的观察能力。

二、倾听学生的心声,重在引领

在讲故事的过程中,我始终没有把自己的认识强加给他们,而是认真倾听他们的心声,尊重他们的想法。孩子的个性阅读是健康的阅读,让孩子们的课外阅读首先满足孩子们而不是成人的感情需要,重在引领,不在灌输。在出现某一张图画时,我会通过提问题来使同学们跟着我一起深入,让他们能一边阅读一边思考。这是训练孩子们阅读能力非常有效的办法。通过带着思考进行阅读,同学们不仅看懂了故事,而且明白了友情的无价,也懂得了友情是需要自己争取的。

读绘本的过程中,我除了让同学们重新翻看每一张有小动物躲藏起来的图,还让他们想想可能有哪些小动物愿意跟大猩猩交朋友。因为读图时有一个重要的地方,就是让学生结合文字,学会欣赏画面,更不能忽略画中画。在《我有友情要出租》这个故事中,每幅画面里都隐藏了好几个动物:大象、长颈鹿、狮子、斑马……还有一个由始至终一直在陪伴着大猩猩的小老鼠。活跃又细心观察的同学总能说出来。发现这些动物的存在,是让学生明白:大猩猩并不孤单,他的身边有许多的朋友,只是他没有发现。我让学生联系自己对于友情的一些想法:第一,你想对你的好朋友说些什么呢?第二,你可以用哪些方式来向你的好朋友表达友情呢?第三,你想不想认识新朋友呢?这样我就能引出了《找朋友》的游戏。这一环节的设计,吸引了同学们的阅读兴趣,训练了语言表达能力,同时也让同学们更加理解人与人之间的交往有时是需要主动的,如果一直作为旁观者,是会带来很多遗憾的。

三、结合交往中的问题,展开讨论

在学习了绘本、了解了其中的道理之后,我组织同学们进行了一个小讨论:"想一想你和你的好朋友之间有没有存在什么问题?提出来,我们选择两个问题一起解决!"其实我选择这个问题进行讨论,一是想要了解上完这堂课后孩子们对于友情有没有新的见解,二是想要由此进行延伸,增加本单元的有关内容,即"每个人都有自己独特的优势,建立清晰的自我认知,同时也要尊重他人"。在人际交往中,只有学会了平等与尊重,才能使一段关系走得长久,才能让孩子在未来的道路上收获更多。因为是讨论,所以我在孩子们发表各自的见解之后都会适时地进行引导总结,来完善讨论的内容。我不会直接告知孩子应该怎样做,应该怎样对待友情,而是选择让孩子自己来决定。儿童哲学中也有提过这一点:"促进个人及人际关系的成长:对儿童而言,与他人的讨论过程及讨论之后的反省是学习哲学思考的适当时机,讨论会使儿童觉察他人的人格特质、兴趣、价值观、信念及成见。这种敏感性的增益是讨论最有价值的副产品,有助于儿童对跟他分享的他者做合理的判断,这是儿童社会性发展的首要条件。"[①]因为这也是儿童成长道路上的一环,孩子总有一天需要自己做决定去面对自己的人生,所以

---

① 潘小慧.儿童哲学简论[N].光明日报,2011-06-01.

适当地放手让他们培养自主意识是非常重要的。

总之,对于这堂课来说,我一直将同学们的心声放在第一位,尊重他们的想法。因为培养他们自主阅读理解才是健康的方式,而不是满足我们成年人的感情需要。通过这堂课,我发现我们班孩子们的性格渐渐开朗了,也愿意多和别的小朋友去接触了,班级氛围也越来越融洽了。

当然也有不足的部分,对于大猩猩和小动物们由于不能主动导致他们没成为朋友这一点,故事中写得比较隐晦,需要教师多加引导,帮助同学们理解。如果再增加小动物们的角色互动,制作几个小头饰,让同学们装扮表演,就能更加生动地体会朋友就在我们身边,应该主动地亲近、寻找朋友,才能得到珍贵的友情。

四、联系实际进行指导,引导交往

基于绘本中学习的内容,我想到关于孩子成长当中的人际交往的一个小故事。在一次课间十分钟,由于我在办公室没有及时进到班级进行管理,所以班级中发生了一次冲突,造成一个孩子的额头有流血现象。得知此事后,我立刻让孩子去医务室进行消毒和简单包扎,然后进入班级询问。

因为我知道,二年级的孩子在一些方面还不太懂,思想认识体系还不健全,需要教师的引导。我首先了解了事情发生的经过(询问周围的"目击者",再对两个孩子所说的内容进行整合):平常两个孩子的关系非常好,彼此都是对方的好朋友,可是今天课后两个孩子在班级中玩耍——追逐打闹,本来可以说是课后一次小游戏,结果你追我、我追你,你不服、我也不服,你来我往,开始动起手来,导致其中一位不小心用力过度将对方的额头戳破了。所幸只是在额头上稍微破了点儿皮,没有触及眼周。我将事情经过也及时告知了家长,家长们也表示回家后会进行深刻的教育。但我转念一想,家长们的教育方式可能会稍显偏激,并不一定利于孩子们对于事态严重性的理解以及之后提高处理此类事件的能力。于是我将两个孩子叫到了办公室,想跟他们好好聊一聊。首先,我明确告知他们,班级是公共场所,是大家一起学习的地方,不能成为他们的娱乐场所,并列举了许多可能因为追逐打闹而产生的后果。其次,我让他们互相向对方道歉,如果态度不诚恳则需要继续道歉。此时他们的情绪肉眼可见地基本恢复,并没有之前的"剑拔弩张"。于是我开始让他们分别说说自己错在哪里,因为只有让他们意识到自己的错处,才能让他们成长。在互相"掏心掏肺"的陈述后,我分别询问他们:你是否还愿意跟他做朋友?双方果不其然都回答了愿意。最后,我让他们握一握手,拥抱一下对方,彼此终于绽开了笑脸。其实按常理来说,我们都知道,二年级的孩子没有什么弯弯绕绕,感情十分纯粹,喜欢和不喜欢都很明显地展示。所以说,这个事例中的关系,彼此都是好朋友,虽然这次的事情让两个人心中产生了隔阂,或许会心生怨恨或者不甘,但只要教师正确引导,稍加调整,孩子们就会恢复到以前的状态。

因此,对于儿童在成长中人际关系的处理,如果放任其发展肯定是不可取的。孩子们在建立完整的自我认知体系之前,懂得平等与尊重他人才是人际交往中的基础。

在儿童哲学发展和深化的今天,教师也要随着时代的发展而进步。就像灯塔一样,我们并不决定他们前往的方向,但是我们可以照亮他们想走的路,指明他们想抵达的终点。

《雪地里的脚印》教学设计

上海市浦东新区荡湾小学　黄春华

【教学目标】

1. 仔细观察画面,猜测故事情节,理解绘本内容。

2. 能大胆地表达自己的想法,培养丰富的想象能力。

3. 学会仔细观察角色的对话和表情,理解狼心情的巨大变化所蕴藏的感情,体验动物们和谐共处的美好心愿,懂得在生活中与同学、朋友友好相处。

【教学过程】

一、创设情景,谈话导入

1. 师:今天,老师带来了一本很好看的书。来看看书的封面,你们都看到了什么?

生:我看到了图中下了好大的雪,雪地里有一行脚印。

生:我看到了山上有一栋房子,正冒着炊烟。

生:我看到了雪地里还有一只狼。

2. 师:同学们观察得真仔细! 没错,图中的动物就是狼。(板贴狼的图片)

3. 师:在你的印象中,狼是什么样的?

生自由回答:可怕、凶恶、狡猾……

4. 师:那故事里的狼和你们印象中的狼会是一样的吗? 雪地里的脚印又和这只狼有什么关系呢? 今天,我们就一起来看看《雪地里的脚印》这本故事书。

5. 师:和老师一起读读这本书的名字吧!(师生共读书名)

二、观察画面,理解故事

逐幅出示图片,讲解分析故事。

(一)图一

1.(师讲故事)一个寒冷的冬日,狼坐在它舒适又温暖的小屋里,读着那些专门讲狼的书。

2. 你们都读过哪些和狼有关的故事?(生自由回答,例如:狼来了、小红帽等)

3. 这些故事里的狼都很坏。我们继续读下去。

4.(师讲故事)故事中所有的狼都很坏、很可怕、很贪心。"我觉得应该有人动笔写个好狼的故事了。"

5. 提问：同学们，你认为好狼应该是什么样的？

生自由回答：不伤害其他小动物、能与其他动物友好地相处……

6. 同学们都说得很好，就让我们看看这只狼笔下的"好狼先生"是怎样的。

（二）图二

1. （师讲故事）于是，它写道：冬天的早晨，雪下了又下——当雪停了，好狼先生出门散步，在雪地上它看见脚印一直延伸到了森林里。

2. 提问：好狼先生看见了这些脚印会怎么想？猜猜它想做什么？

（生自由回答，引导学生关注这是"好狼先生"）

3. （师讲故事）"嗯……我真好奇这些都是谁的脚印呢？"它心想。它决定跟着这些脚印走，看看它们的主人到底是谁，它想交个新朋友。

4. 原来，好狼先生是想和脚印的主人交朋友呀！

（三）图三

出示图三，引导学生用故事里的话来分角色扮演。

1. 仔细看图，过了一会儿，好狼先生看见了谁？（松鼠）

2. 它会用什么样的语气展现好狼形象？（友好、亲切、有礼貌……）

3. 你能用礼貌友好的语气读读好狼先生说的话吗？

"不好意思，请问一下，这些是您的脚印吗？我想找到脚印的主人，交个新朋友。"

（相机点评、指导学生说话的语气）

4. 那小松鼠呢？它会怎么想？怎么说？怎么做？

生1：小松鼠会想：才不相信你呢，你之前吃了那么多小动物，这次肯定又想吃了脚印的主人吧。

生2：小松鼠会说："我才不相信呢！你一定是想吃了脚印的主人！我不会告诉你的！"

生3：小松鼠可能会躲开，不理睬好狼先生。

……

5. 那它们做朋友了吗？为什么？

生1：它们没有成为朋友，因为小松鼠害怕狼。

生2：它们没有成为朋友，因为小松鼠一点也不相信狼说的话。

……

6. 没错，虽然好狼先生很有礼貌也很友好，但是松鼠依旧不信任它。

7. 现在让我们分角色读一读、演一演，学学狼有礼貌地问话，学学松鼠对狼不信任的回话，注意表演时的声调、语气、动作、神态等。

（给学生戴好卡通头套，上台表演，相机指导语气、动作等）

（四）图四

出示图四，引导学生用故事里的话来分角色扮演。

1. 接下来，好狼先生遇见了谁？（小兔子）

2. 猜猜它用什么样的语气展现好狼形象？（友好、亲切、有礼貌……）

3. 嗯，在经历一次失败之后，又一次碰到小动物，好狼先生还有点高兴呢！

4. 现在，请你用开心的语气来读读它的话吧！

"不好意思，请问一下，这些是您的脚印吗？我想找到脚印的主人，交个新朋友。"

5. 兔子怎样想？怎么说？怎样做？（生自由回答）

6. 它们做朋友了吗？为什么？（生自由回答）

7. 现在谁来扮演一下狼？谁来扮演一下兔子？再让我们感受一下当时的情景吧！

（给学生戴好卡通头套，上台表演，相机指导语气、动作等）

（五）图五

出示图五，引导学生用故事里的话来分角色扮演。

1. 好狼先生一心想交新朋友，却两次遭到小动物的拒绝，它心里感觉怎样？（感觉不太好，感觉不是很好受……）

2. 你觉得好狼先生会放弃继续交朋友吗？为什么？

生：不会，因为狼作家想改变人们对狼的看法，想写"好狼"的故事，所以好狼先生不会放弃继续交朋友。

3. 是呀！于是，它继续向前走，走到湖边碰见了谁？（青蛙）

4. 好狼先生会对青蛙说什么？（生自由回答）

5. 青蛙怎样回答？它们做朋友了吗？为什么？（生自由回答）

6. 分组表演狼和青蛙的对话，学狼与青蛙的对话。

（六）图六

出示图六，引导学生理解狼的做法。

1. 在湖的另一边,好狼先生看见了谁?(鸭子)

2. 好狼先生遭到小动物的3次拒绝后,猜猜这次它还会像以前有礼貌地问话吗?为什么?

生1:会,因为他要和脚印的主人做朋友。

生2:会,因为他要做一只"好狼"。

3. 那它会对小鸭子说什么?

"这些脚印肯定是您的!"

4. 鸭子怎么做?

"是啊!"鸭子回答,并朝狼游过来。

5. 这只鸭子和其他动物的表现一样吗?哪里不一样?

生:鸭子没有害怕,也没有不信任狼,反而朝狼游过去。

6. 当好狼先生看见这只肥嫩、美味的鸭子向它游来时,它心里怎么想?

生1:狼想和鸭子成为朋友。

生2:狼想吃了这只鸭子。

7. 狼和鸭子接下来会有什么事发生呢?请同桌互相讨论、交流。

8. 学生交流。

生1:狼朝鸭子扑过去,把鸭子吞到了肚子里。

生2:狼忍住了想吃掉鸭子的念头,和鸭子交了朋友。

9. 好狼先生会变成跟你们想象中的其他所有的狼一样坏吗?我们继续看。

10. 原来,这些都是狼作者的想象,它还在自己的家里。

11. 在狼作者原来的想象中,好狼先生看见鸭子,是想吃掉它的,为什么后来没这样做?能说说理由吗?

理由:当狼看见鸭子时,它真想一口把它吃掉以解口馋,可是这样一来就会将它改写的好狼先生的形象毁于一旦,于是它努力抵住诱惑,心中想吃鸭子的恶念瞬间消失,取而代之的是善念,它想通过鸭子对它留下的好印象获得友情。

(七)图七

出示图七,展开想象,续编故事。

1. 有人敲门,你们猜会是谁?(生自由回答)

2. 狼打开门看见了脚印,后面还有什么事发生呢?请和同伴互相说说,续编故事结尾。

三、集体讨论，情感迁移

1. 在这个故事中，你看到了一只怎样的狼？

生1：我看到了一只有礼貌的狼。

生2：我看到了一只愿意和其他动物交朋友的狼。

生3：我看到了一只善良的狼。

……

2. 那你愿意和故事中的狼交朋友吗？为什么？

生1：我愿意，因为狼他努力改掉自己不好的一面，主动和其他动物成为朋友。

生2：我愿意，因为即使被拒绝很多次，被别的动物不信任，它都没有生气，而是依旧怀有一颗善良的心，用积极的态度去寻找朋友。

3. 其实我们身边也有像故事中的狼一样的孩子。他们平时调皮、捣蛋，成了班级中的山大王，人人见了都要躲。但其实，他们的内心就和故事中的狼一样，希望交到新的朋友，得到朋友的认可。快给这些孩子出出主意，你觉得他们应该怎么做呢？

生1：要努力做出改变，努力改掉自己身上的坏习惯，并且持之以恒。

生2：要礼貌地对待身边的同学，友好地和同学们相处。

……

4. 你们的方法可真好！

5. 如果这些同学按照你们说的去改变了，你们愿意和他们交朋友吗？（愿意）

6. 小结：看来，有礼貌的言语和友善的动作可以让朋友感到安全、快乐，可能改变朋友对你的想法。

其实狼也有可爱、善良的一面，它渴望与动物们做朋友。生活中并不是所有的狼都是坏狼，它也有与动物们和谐共处的美好心愿。生活中也并不是所有调皮捣蛋的孩子都是坏孩子，他们也想有自己的朋友，他们也想和朋友友好地相处。

7. 老师这有一首曲子讲的就是"狼与动物"之间友好相处的事，让我们在音乐声中，扮演各种可爱的小动物，一起与"狼"共舞吧！

【教学反思】

绘本《雪地里的脚印》说的是一只狼打算写书为自己的族群平反的故事。身为童话故事里千篇一律的反面角色,狼决心重写童话,翻转恶狼形象。故事中的"好狼"在借助脚印寻找朋友的时候,一次又一次被拒绝,可是它没有放弃,最终找到了愿意接纳自己的伙伴。但却被自己心中一闪而过的"歹念"打断,好在"好狼"努力抵住诱惑,取而代之的是善念。

这个绘本故事引人深思。一方面,狼为了改变大家对狼的固有观念,不仅改变自己,用礼貌的言语和友善的动作去交朋友,而且能够抵住自己内心的诱惑,让人印象深刻;另一方面,在所有小动物基于天性对狼产生畏惧、讨厌、不信任的态度时,鸭子能主动靠近狼,同样让人感动。希望同学们能在读这则绘本故事的同时体验动物们和谐共处的美好心愿,也能懂得在生活中与同学、朋友友好相处。

课上,我将故事从书上搬到课堂中,让同学们在分角色扮演的过程中理解故事内容,感受狼心情巨大变化所蕴藏的感情。

课堂伊始,我先询问同学们对狼的印象,大多都是觉得狼是可怕、凶恶、狡猾的,与大众对狼的认知相同,这也为绘本故事最后的反转做了铺垫。接着让学生观察封面,结合封面的要点,让学生带着"故事里的狼和你们印象中的狼会是一样的吗?"以及"雪地里的脚印又和这只狼有什么关系呢?"这两个问题,有思考性、有目的性地阅读绘本。

在读绘本故事的时候,我将每一个情景分开,依次带学生入情入境。在读完每一个情景的故事内容后,我都会让学生分角色扮演,并指导表演时的语气、动作、神态等,用这样的方式强调狼的友善、有礼貌,也突显出其他动物对狼的害怕与不信任,这对理解绘本故事、体会狼的情感有很大的帮助。不仅如此,我也通过几个关键性的问题将情境串联起来,让学生对故事内容更熟悉。比如读到好狼先生在雪地上看见脚印一直延伸到森林里时,我提问:好狼先生看见了这些脚印会怎么想?猜猜它想做什么?有的学生可能会根据固有的思维回答说"狼要去捕猎"等,这时我引导学生关注这是"好狼先生",慢慢地将学生的观念转变过来,有的学生便开始往好的方面去思考,例如"狼想去看看这是谁的脚印""狼担心会不会有动物在森林里迷路了,要去看一看"等。又比如,在好狼先生看见松鼠时(第一次遇见的动物)询问学生"它会用什么样的语气展现好狼形象?"让学生思考、知晓"友好、亲切、有礼貌"的语气更容易让人接受。在好狼先生两次遭到小动物的拒绝时,提问"它心里感觉怎样?你觉得好狼先生会放弃继续交朋友吗?为什么?"让学生感受到狼为了改变人们对狼的看法,不会放弃继续交朋友,而是会坚持到底的想法。绘本故事快接近结尾时的一问"当好狼先生看见这只肥嫩、美味的鸭子向它游来时,它心里怎么想?"格外重要。故事发展到这里,绘本故意突出了这只鸭子的"肥美可口",这不仅是对狼的考验,也是对读者、对学生的考验。同时,这个问题让学生意识到狼为了在人们心中塑造好狼先生的形象,可以努力抵住诱惑,这让心中想吃鸭子的恶念瞬间消失,取而代之的是善念。

最后的讨论、情感迁移环节,我先通过"在这个故事中,你看到了一只怎样的狼?"以及"你愿意和故事中的狼交朋友吗?为什么?"这两个问题,和同学们总结出"其实狼也有可爱、善良的一面,它渴望与动物们做朋友。生活中并不是所有的狼都是坏狼,狼也有与动物们和谐共处的美好心愿"。接着,从绘本故事迁移到我们的生活。引导学生了解到,我们身边也有像故事中的狼一样的孩子。他们平时调皮、捣蛋,成了班级中的山大王,人人见了都要躲。但其实,他们的内心,就和故事中的狼一样,希望交到新的朋友,得到朋友的认可。请学生给这些孩子出出主意,他们应该怎么做?学生们都能很好地结合本次的绘本故事内容提出"要努力做出改变,努力改掉自己身上的坏习惯,并且持之以恒。""要礼貌地对待身边的同学,友好地和同学们相处。"等方法。紧接着再问"如果这些同学按照你们说的去改变了,你们愿意和他们交朋友吗?"同学们纷纷表示愿意。由此可见,学生都能通过故事内容感受到"生活中也并不是所有调皮捣蛋的孩子都是坏孩子,他们也想有自己的朋友,他们也想和朋友友好地相处。而有礼貌的言语和友善的动作就可以让朋友感到安全、快乐,更可能改变朋友对你的想法。"很好地达到了教学目标。

回顾整堂课,不足之处在于绘本故事中人物对话的出现过于直接。因为这则绘本故事的情节有反复性,前三只动物在看到狼之后的表现相同,鉴于这一点,可以在教学过程中将第二、第三次的对话先隐去,让学生根据第一次狼与松鼠的对话以及绘本插图来猜测之后的对话,这不仅能增强学生的语言表达能力,锻炼学生对绘本的理解,也能体现课堂中学生的自主性,更让绘本教学跳脱于绘本本身,具有创造性。

这则绘本故事不仅给学生上了一课,也让我感受颇深。动物们对狼的成见,与班级里学生对调皮捣蛋的孩子产生的看法是一样的。就拿我们班的小蔡同学来说,平时上课总是会影响同学、扰乱课堂纪律,下课了也是在走廊上奔跑打滚、"疯狂"地玩耍,对待同学更是毫不吃亏,从不谦让,这就导致同学们对小蔡同学的印象很不好。他就很像故事中的"狼",因为自己之前的所作所为,在同学们心中留下了不好的印象,所以同学们都不愿意和他交朋友,甚至一有什么"坏事",都觉得肯定是他做的。虽然大部分的确是他做的,但是有一次让我抓到了小蔡同学想改变的机会。

那一天,教室走廊外的标牌不知道被谁踢坏了。当我在班级里问起这件事的时候,就有同学指出是小蔡同学做的,而且不止一个同学这样说。平时做了错事的小蔡同学被"抓住"时总是支支吾吾,说不出话来。但是这一次,他大声地为自己辩解:"不是我做的!不是我做的!"可是同学们根本不相信他。此时我已经知道"肇事者"肯定不是小蔡同学,并对同学们说:"如果你没有亲眼看到,就不能随便下结论。"同学们都不吭声了,小蔡同学也红了眼眶。

课后,我趁这个机会将小蔡同学叫到了办公室,告诉他:"老师相信,这不是你做的。"小蔡同学停止了哭泣。"但你能告诉老师你为什么哭吗?"我故意问道。小蔡同学顿了顿,更委屈了,说:"明明不是我做的,为什么大家都说是我!""是呀,为什么呢?老师和你一起看一本有魔力的书,看看能不能找到原因。"于是,我和小蔡同学一起阅读了《雪地里的脚印》这本绘本。看了封面,我就问了小蔡同学:"你觉得狼是一种怎样的动物。"小蔡同学和大部分孩子一样,都觉得狼很坏。当我们一起读到松鼠、兔子、青蛙都不相信狼时,我又问小蔡同学:"你觉得,你今天的遭遇和这只狼像吗?"他想了想,点了点头。"为什么大家都不相信狼呢?""因为很多故事中的狼,做的都是坏事。""那为什么大家都不相信你呢?""因为……因为我之前也做了很多不好的事。"小蔡同学低下了头,我想他是真的知道了其中的缘由。"这么多小动物都不相信狼,它会怎么做呢?你和老师一起看下去吧!"当我们读到狼看见这只肥嫩、美味的鸭子向它游来时,我问小蔡同学:"你觉得狼会不会把鸭子吃了?"小蔡同学坚定地说:"不会,因为它要做一只好狼,如果吃了鸭子,别的动物更不会相信它了。""是呀!那你呢?如果你继续调皮捣蛋,欺负同学,同学们还会继续相信你吗?""不……不会了。老师,我知道该怎么做了。"

之后的几天内,我认真观察了小蔡同学。他上课不再影响他人,认真的他写得了一手端正的字;课间的他也不再是走廊上的大王了,他开始拿起心爱的书坐在位置上看起来;更是在中午吃饭的时候帮老师拿饭盒、乖乖排队不再争抢……他的变化让同学们都感到很奇怪,但是谁都没有说破。

又过了一周,我在班级内和大家一起阅读了《雪地里的脚印》。当我说到"其实我们身边也有像故事中的狼一样的孩子"时,大家都不约而同地看向了小蔡同学,"他们平时调皮、捣蛋,人人见了都要躲。但其实,他们的内心,就和故事中的狼一样,希望交到新的朋友,得到朋友的认可。如果这同学像狼一样做出了改变,你们愿意和他们交朋友吗?"大家回想起小蔡同学今日的表现,大声地说道:"愿意!"小蔡同学听到大家的答案,也露出了我看到过的最灿烂的笑容。

狼有善良的一面,它渴望与动物们做朋友;每一个"调皮的孩子"也有内心柔软的地方,他们渴望得到大家的认可。通过《雪地里的脚印》这一绘本的教学,要让生活中"像狼一样"的孩子,学会努力改掉自身的坏习惯并持之以恒,知道有礼貌的言语和友善的动作可以让朋友感到安全、快乐,更能改变朋友对自己的想法。同时,也要让生活中"像松鼠、兔子、青蛙一样"的孩子了解到并不是所有的狼都是坏狼,也并不是所有的捣蛋大王一直都是捣蛋大王,别人的信任和认可是让他们做出改变的最强大的动力。

《是谁送的呢》教学设计

上海市三灶学校 沈祎妮

【教学目标】

1. 通过观察、讨论、表演等活动,理解故事的主要情节,感受阅读的快乐。

2. 通过师生共读绘本,知道可以用小花、信件等物品跟陌生人打招呼,传递善意,建立关系。

3. 通过仔细观察绘本插图,发现图中奥秘,在享受阅读乐趣的同时,明白只要留心观察,打开心扉,朋友就一定会出现在自己身边。

【教学过程】

一、导入谈话

1. 有一个小朋友叫香苗,她搬新家了。在搬家后,发生了一个有趣的故事。这个故事的名字叫《是谁送的呢》。

2. 读书名,引发阅读期待。

这本书是一位日本作家写的,她的名字叫筒井赖子。请你们读读书名,自己尝试加标点,想一想会发生什么。联系封面图片,猜故事内容。在读故事时,请小朋友们仔细聆听,边听边想,还要注意看图画,明白图画要表达的意思,同时,勇敢说出自己的想法。

二、走进故事,初步感知

1. 读第1—3跨页

故事:香苗家搬家了,搬到了一个看得见山的街区。

请你猜一猜之后会发生什么,想一想香苗当时搬到一个新地方,周边的建筑、环境,以及来来往往的人对于香苗来说都是陌生的,她会是怎么样的一个心情呢?(一切都是不认识的,香苗怀揣着满满的陌生与不安)

2. 读第4跨页

故事:每个房间都被纸箱堆得满满的。爸爸妈妈立刻动手开箱收拾。

香苗也跟着帮忙,不过这会儿她有点儿累了,就找了个空地方坐下歇着。

这时候,"嗵、啪嗒。"

门口传来一个很轻很轻的声响。

"是邮递员投信吗?"

"哪儿能呢? 你盼信盼的吧。"妈妈说,没有停下手中的活儿。

爸爸也说:"不会是邮递员。这儿的地址还没告诉别人呢。"

"可是,明明是投信的声音嘛⋯⋯"

想一想爸爸说过这儿的地址还没告诉别人,为什么香苗就认为是投信的声音呢?(香苗希望有人能联系她,渴望在新地方与他人建立关系)

想一想香苗坚信是投信声音,却没有出门看一看呢?(在陌生地方不敢踏出门的心情)

3. 读第 5—9 跨页

你猜一猜香苗会出门吗? 老师继续讲故事。

故事:香苗跑到门口去看,但那儿什么信件也没有。不过,信箱下面的地上有一束小紫花。香苗打开大门,院子对面是一条她不认识的街,街上走着她不认识的行人。

猜一猜谁是那个给香苗送花的人,她接下来会怎么做。(继续送东西)

4. 读第 10 跨页

故事:第二天,爸爸上班去了。妈妈继续收拾东西。香苗说:"昨天那束花儿是谁送来的呢?"

"会是谁呢?"妈妈只顾转来转去忙手上的活儿。"嗵,啪嗒。"

又听见了那个轻轻的声响。"邮递员来了!"

香苗跑到门口,但是,信箱里没有信,倒是夹着三株蒲公英。香苗轻轻地取出花儿,打开大门。门前的街上还是只有不认识的人在走路。

请你找一找神秘人。

5. 读完绘本

香苗和妈妈一起上街去买东西。这是她们搬家以来第一次上街。

不认识的街道,不认识的房子,不认识的孩子,一切一切,全都是香苗不认识的。

妈妈望着远处的山说:"香苗很快就会喜欢这儿。""昨天的蒲公英是给我的吧? 是谁送来的呢?"香苗一路上光想着这件事。

第二天,妈妈还是很忙。

香苗一个人画画玩儿。

香苗自言自语地说:"没朋友真没意思。"正在这个时候,又听见了那个声响。"嗵、啪嗒。"

香苗立刻跑过去,一看,信箱里有一封信,信封上什么也没写。

信只有三行,字大大的。

"有朋友真好

　真高兴

　等着你"

香苗反复把信读了好几遍。"这是给我的信,肯定是给我的!"

香苗和妈妈一起去看她要上的幼儿园。院子里,好多小朋友在玩儿。

说话声,笑声,热闹极了。

"那个给我写信的孩子也在这些小朋友里面就好了。"香苗一边想,一边挨个儿朝那些不认识的小朋友看。

"……小紫花,蒲公英,信……小紫花,蒲公英,信……"

一边小声嘀咕,香苗一边自己玩弹球。

"唉!"她哎了一口气。正在这个时候,又听到了那个声响。

"嗵、啪嗒。"

"等等,等等!等一等!"香苗大声喊着跑到门口。信箱里露出一个纸叠的小人儿。香苗一把抓过小纸人儿,咔嚓一下打开大门。

只见一个不认识的女孩正要从门口离开。

那个女孩慢慢地转过身来。

香苗走到那个女孩身边,问:"那个……小紫花,是给我的?"女孩点点头。"蒲公英也是?"女孩点点头。"那,那信也是?都是给我的?"女孩点点头。

香苗小心翼翼地用手摩挲着有点儿发皱的小纸人儿。女孩微微害羞地看着香苗,过了一会儿,用特别小的声音说:"咱们去玩儿吧。"香苗点一点头,高兴地笑了。

三、聚焦细节,体悟交往变化

1. 故事读完了,你知道了神秘人是谁,现在我们再回顾绘本,看一看神秘人都在哪里出现过。

2. 交流汇报。

(香苗搬家时,香苗和妈妈上街时,幼儿园的角落里。)

其实从香苗一家搬到这个街区，这个小姑娘就开始关注香苗了。因为香苗初到这里，足不出户，小姑娘就想用这样特别的方式和香苗打招呼。

3. 讨论香苗从刚开始在不认识的地方不敢出门，到后面听到"啪嗒"声会边大声喊边跑出门，为什么会有这样的转变？（香苗收到了来自他人的小花、信件，在陌生的地方感受到了善意与友好，这份讯息对刚刚搬来的孩子来说非常重要。香苗本身自己想在新地方建立新的关系，她自己也想走出去，但缺少一个助力，但这个小姑娘的小花、信件正好是一个契机，帮助香苗走出家门，认识新地方。）

讨论两人为什么能由第一次正式见面时的小心翼翼、拘束不自然，转变到后来打开心扉、绽放笑颜迎接新关系的到来。（小姑娘主动踏出第一步，送花、信件，表达了自己的友好，香苗接受到了这份善意。而见面之后，小姑娘更是主动发出邀约。通过这份善意和邀请，香苗渐渐熟悉起这个原本陌生的地方，认识了新朋友，建立了新关系。）

4. 同学们，让我们一起来重温这个故事吧！找同学扮演香苗和小女孩，好不好？（通过学生动情读、参与演，让学生感知故事。）

四、拓展延伸，深化交往内涵

1. 联系生活，说说你到新地方时是如何建立新关系的。

（1）刚开始不敢交流，在日常相处中，我的同桌借给了我铅笔，渐渐开始说话，有了交往。

（2）我喜欢交新朋友，我会主动和其他同学交流，体育课上一起玩。

小结：每个人的性格不一样，所以对待事物采取的方法就不一样，有些活泼开朗的小朋友会主动和其他小朋友交流。而有的小朋友就有点内向，不太敢说话，需要其他小朋友先主动交流。但无论怎么样，都需要有人踏出第一步，传达自己的善意，有了第一步，才有第二步、第三步，最终成为朋友。

2. 讨论，说说双方需要做些什么才能让关系维持。

要多和对方交流，聊一聊自己最近发生的事情。

对方有苦难时，主动帮忙解决问题。

周末大家一起玩。

平时可以互相串门。

3. 讨论当你和朋友发生争吵了，你会怎么办？

等自己冷静下来后，我会想一想自己做的事情有没有不好的地方，如果有，我会向他道歉。

我会和妈妈讲发生的事情,妈妈会开导我。

4. 讨论如果朋友在运动会上没有发挥好而感到难过,你会怎么办?

我会安慰他,告诉他一次的失败没有什么,下次努力。

我会和他一起想这次哪里出现问题,有什么办法。

5. 讨论当朋友生病了,你会做什么?

我会带着水果去看他。和他讲今天发生的事情,希望他早日康复。

和朋友一起去看他。

6. 小结

当我们带着善意和友好接近别人时,这份心意会被别人感知并接受。自然而然的,他人也会对我们的善意友好做出相同的回应。渐渐地,我们会发现有了新朋友,陌生的地方也有了熟悉感。其实不仅仅是交朋友,生活中还有很多事情也是这样。当我们带着一个友好的态度去面对生活中的事情时,留心观察,你会发现,有非常多美好的事情,例如校园里的花开得真漂亮;今天天气真晴朗,天空真蓝;路面上的地真干净;早上进校门时,同学对我说,早上好;等等。当你用友好和善意这种积极乐观的态度去对待身边的事情,你就会发现、欣赏生活中的美好。

希望大家都能带着友好和善意积极面对生活。

【教学反思】

选择这个绘本故事,是因为我看到了香苗这个小姑娘从熟悉的地方搬到陌生的地方,接受到了来自他人的善意,感受到了友好,渐渐地敞开了心扉,在新的地方建了新的关系,发现原来在陌生地方也有美好的事物,对陌生的环境也有了熟悉感。我希望学生在阅读这个故事时,能感受到当我们带着善意和友好的态度去面对生活时,不必因为陌生的环境、陌生的事物、陌生的人,而害怕踏出那重要的第一步。积极的态度会让我们在不认识的地方交到新的朋友,也可以发现陌生之处也存在着生活中美好的点点滴滴。通过这个绘本故事,也希望他们能敞开心扉,带着友好、善意的积极态度去面对生活,观察生活中的点点滴滴,交到新的朋友,建立新关系。

基于此,在上课之前,我精心准备,去搜集绘本的有关课件,仔细设计教学环节,想着该如何设计教学语言。通过教学语言能让孩子受到启发,能有自己的所思所想，也能让他们在有想法之后大声、大胆、踊跃地发表自己的看法。自己多次进行试讲，设想学生会有什么反应。一些教学环节之间该如何进行衔接，才能显得自然有序。在轻松的教学气氛中完成上课的内容，同时让同学们感受到友善积极的生活态度会给我们带来的影响，知道有时自己要主动踏出那重要的第一步，学着传达自己的善意和友好。

在最开始上课时，给小朋友们介绍了一个新的朋友，香苗。介绍了香苗搬新家而且在搬家之后发生了有趣的事情。同时出示了故事的名字《是谁送的呢》。通过让小朋友自己读书名，引发他们的阅读期待。当小朋友们读完书名后，让他们自己尝试着为这个名字加上标点，小朋友们几乎都加了个问号。让学生带着问题去读这个故事，边读边想。同时引入阅读绘本的方法，让他们观察这个绘本故事的封面图片。结合图片上所给信息和故事名字猜一猜会发生什么。在猜想中，让学生发挥他们的想象，打开思维。

接着通过将故事分成一段段来读，让小朋友带着问题去听，边听边想，是谁送的呢？同时，在读故事时，让学生通过观察故事中主人公香苗刚到新家时的状态，以及收到礼物时的表现，到后面受到邀约时，她又有什么表现。对故事中发生的情节提问，使孩子们感受到香苗从一开始的小心翼翼、渴望出门却又不敢踏出门的心情，到后面接受到来自他人的善意后变得勇敢，能主动去寻找送礼物的人。甚至最后能够主动跨出家门，与送礼物的小姑娘交流。师生一起讨论香苗从刚开始在不认识的地方不敢出门，到后面听到"啪嗒"声会边大声喊"等等"，边跑出门，这样的一个转变。香苗和送礼物的小女孩，从第一次正式见面时的小心翼翼、拘束不自然，到后面打开心扉，能够绽放笑颜，一起出去愉快地玩耍。对故事中的一个个情节进行讨论，通过动作、语言让学生感悟到香苗心境的一个变化，体会到来自他人的善意和友好，对于一个刚到陌生地方的小女孩来说，是多么的重要。也正是这一份善意和邀请，使香苗对陌生的地方有了熟悉感。通过交新朋友，在这个地方建立了一个新的关系。能够敞开心扉，大胆地跨出家门，踏上这一块新的土地。

最后，通过拓展知识，深化交往内涵，让情感教育升华。运用启发性的语言引导孩子们思考，当他们来到新的地方时，是如何交到新朋友的。引出这个话题时，学生们都思考之后说出了自己的做法。之后，请他们再想一想，如果交了朋友，要怎么样才能让朋友之间的友情维持呢？学生们都说出了各自的观点。然后通过一些情境,例如当你和朋友发生争吵了,你会怎么办或者朋友遇到了难过的事情,你会怎么办?又或者,朋友生病了,你会怎么做?这样一系列的问题让学生们想到在两个人相处时,不可能总是一帆风顺,总会出现一些困难挫折,但是当遇到这些问题时,请记得带着我们积极的态度去面对它们,这样会使我们的生活更美好。

当然,对于本节课,我也觉得有一些不足之处。在给孩子们看故事时,看图片的时间短了些,如果能多给他们一些时间,在听完故事后仔细观察图片,相信他们会发现更多的信息,香苗一开始脸上是没有笑容的,到后面脸上带着满满的笑容,这样一个巨大转变。也自然而然地能引起他们对香苗情绪变化的思考,以及对造成这种变化的原因也会有更多的想法。最后讨论的时间少了点,所以有些孩子并没有充分的时间去思考。如果能再多给一些时间,相信他们对于这样的变化会有更多自己的看法,也会有更多的学生发言,学生感受也会更丰富,当自己碰到问题时,想到的办法也会有更多。

绘本故事上的图片可以帮助小朋友更好地理解故事发生的内容,学生和大人不同,他们可以从图片上得到更多的信息,发现更多的小秘密。而绘本故事是比较适合学生阅读的书籍。在《是谁送的呢》这个绘本故事的封面图片上,小朋友们可以非常清楚地发现香苗,她是握着一扇门的门把手,打开了一条小小的门缝,整个人是躲在门后的,脸上也没有笑容。可以非常清楚、直观地感受到香苗的害怕情绪。想出去,但是又不敢。后面的图片也是非常清楚地表明了香苗的心情变化,她从不敢出家门,到后面的能主动跨出家门去观察路上的行人。是谁送自己的礼物呢?到最后一张图,香苗和送礼物的小姑娘,她们脸上充满着笑容。这本书的图片非常生动地描画出了香苗的内心世界,通过一些表情和她的肢体语言,可以让学生非常直观地感受到香苗的心理感受。这堂绘本课结束了,但是,碰到新的地方,遇到新的人时,我们想去找到新朋友,该怎么做。在与他人交往中我们该怎么处理,对于这样一个比较抽象的话题,绘本故事能帮助孩子们更好地形成认知,有一种自己的理解。通过一张张图片和简短的文字描述,引领着学生认识到我们应该用积极的态度去面对生活。在生活中留心观察,就能发现其实我们身边也有类似的送礼物的小姑娘存在,感受到生活中点点滴滴的美好。

上完这节课,我想到了我们班的小何同学身上发生过一件事。当我在课堂上提出问题时，经常看到小何同学想举又不敢举的手，伸出一点就立马放下。下课后，我找到了她，问她对于课堂上老师提出的问题，你想回答吗？她轻轻地点点头。我又问她："老师看到了上课时你的小手想举起来，但立马又放下了。是怕说错吗，还是……"她小声地告诉我："是的老师，我怕自己讲错了。"在这个时候，我告诉她："讲错并不可怕，可怕的是你没有说出来。你不说，怎么肯定就是错的呢，即使讲错了也没关系，我们一起发现问题，解决问题。没有谁次次都能说对，你看我们班的小张同学每次回答都能说对吗？不，他也有说错的时候。那你看他说错后有没有不举手？"小何同学摇了摇头。"老师希望下次在课堂上能看到你勇敢地举手。"之后上课时，当我提出问题，我发现小何同学举高了她的手。我让她回答问题。她说出来了，说的还是对的。当场我表扬了他，下课后她找到我，跟我说："老师，我竟然说对了，我发现举手也没有什么可怕的。"她非常高兴地跟我说下次还要再举手。除了这位小何同学，我还想到了小龙同学。有一次我们班的小任同学下课跟我说，小龙同学有时候总把铅笔橡皮往他这边一扔。他觉得打扰到了他。我找到了小龙同学。问他为什么要向小任同学扔铅笔橡皮，"你是不喜欢他吗？"他摇了摇头说："不是，我想和他一起玩。"我又问他："如果有个同学也朝你扔东西，你觉得他是想跟你玩还是讨厌你？"他愣了愣告诉我："肯定是讨厌我。"我就告诉他："你看，所以你的这个行为，其实是在向我们的小任同学传达出一种我不喜欢你，我讨厌你的信息。如果你想跟他一起玩，可以大胆地跟他说。或者在他需要帮助的时候，你可以帮助他，让他感受到你的友好、善意。老师相信他也会对你的善意作出回应，跟你有进一步的沟通交流。慢慢地，你们自然而然地就可以在一起玩耍啦。当你传达出友好时，其他同学是能接收到的。"他点了点头，告诉我："嗯，老师，我知道了。"后来，在下课时，我看到了小任同学和小龙同学，有时候会凑在一起说说话。

通过学习绘本故事，要让孩子理解，当我们传达出自己的友善、友好时，别人是能接收到的，也会对此做出相应的回应。带着友好、善意这样积极的态度去面对生活，你会发现，原本害怕的事情，其实并没有想象中那么可怕，你也是可以做到的，还可以看到生活中美好的一面。

第三章　攀登生命的高峰

人类中心主义者断言,人类比其他自然生命有更高的价值。这种信仰表明,我们每个生命个体并不是在无意义的自然关系中充当着孤独的单子。恰恰相反,我们每个人都是在非常有意义的自然整体中扮演着重要角色,是这个整体的基本组成部分。个人的一举一动,对于实现自我进化过程,甚至对于个体在整个自然界中的价值和意义都是不可估量的。

如辛普林(G.G. Simpson)如此表达人类中心主义的观点:"人是最高级的动物,他自己就能够做出如此判断的事实本身就是一个明证,证明这一结论的正确。反之,即使他是最低等的动物,当他考虑其在事物序列中的位置,希望寻找一个基础以指导自己的行动并对它们做出评价时,人类中心主义的观点仍然明显地是他最应当采取的。"①

透过这些当代学者的表述,我们可以从中读出浓重的骄傲和优越感——固执地认为人是万物之灵。诚然,就处于自然界的位置而言,人类中心主义的观点似乎是有效又必要的,因为该主义是同证明事物的本质联系、尊重自然界中的一切事物的哲学相一致的。即使是我们今天面临的种种生态问题,也并不是导源于人类中心主义本身。人是自然界中最高贵的,唯一有智能、有理性的生物,且不接受任何反驳。持这一想法的,不可一世的人们似乎忘记了马克斯·韦伯所谈的"理性的铁笼子",以及人类过分骄傲、过分理性化所延伸出的种种后果。

在对下一代的教育中,我们要尽力避免这种不良的心态。首先应该承认,人类作为一种有智慧的生命体,通过开发和利用各种工具以及先进器械,确实在自然界中处于顶端优势地位。但是,我们并不能就此沾沾自喜、目中无人。相反,我们应该教育孩子认识到,作为优势方应该尽己所能地保护弱势方,为弱势者提供庇护与帮助,以实现社会公正,促进社会均衡发展和有序进步。

然而,这种略为艰涩的哲学理论,该如何传递给孩子呢? 如何帮助孩子理解强

---

① [美]莫迪.一种现代的人类中心主义[J].章建刚,译.哲学译丛,1999(2):12—18.

者的社会责任呢？选择利用绘本故事书中提供的素材，不失为一个良好的策略。

"妈妈，是不是因为人比较强大、蚂蚁弱小，所以人应该保护蚂蚁；反过来想，如果蚂蚁大、人小，那么蚂蚁就要保护人了？"

"哦，你怎么会想到的？"

"书上是这样说的呀。"

"那么，通过这个故事我们就可以知道，小的比较弱小，大的要保护弱小的。如果有人恃强凌弱，我们就应该予以制止。你正在不断成长，马上就是个小伙子了，要学会承担起责任哦！"

"嗯。好的！"

上述对话是一位母亲与自己读三年级的孩子正在讨论绘本故事书《喂，小蚂蚁》内容的节选。由此可见，我们可以将复杂的"社会"这一概念放在故事中带给孩子们。特别是伴随着孩子不断成长，他们的各方面能力逐步提高，会逐渐萌生强烈的自我意识，认为自己无所不能，在心理"断乳期"尤其希望摆脱父母的管束和老师的管教。

借用《喂，小蚂蚁》这一绘本故事，我们可以跟孩子交流讨论以下观点：首先，生命的高峰期是一个自然的生命过程，是我们每个人生命中必然要经历的一部分。在这一过程中，我们是积极的、强大的、孔武有力的、精神抖擞的。但这并不意味着，我们可以滥用自己的力量，毫无顾忌、为所欲为。恰恰相反，依据权责相同原则，拥有权利（或者说力量）的人，也承担着更多的责任。因此，当我们处在生命的巅峰期时，就应责无旁贷地肩负起应负的责任。

这一话题，看似离三年级的孩子们有点儿遥远、有点儿距离，与他们展开这一话题的探讨似乎有点儿为时过早，实则不然，我们认为不仅不早而且非常有必要。因为在不久的将来，我们眼中的孩子，就会玉树临风地走向社会，成为独立的个体，承担相应的各种责任（家庭的、社会的、其他的），扮演多种多样的角色，诸如员工、朋友、恋人、家人、父亲、母亲、子女等。

因此，尽早地让孩子们意识到人之所以为人的责任是非常有必要的。俗话说得好："做人难，难做人，做人最难中年人。"作为社会更替的重要组成部分，中年人处于生命高峰期，他们上承着赡养父母的义务，下接着抚养子女的责任，自身还是社会的中坚力量、家庭的中流砥柱。今日的孩子们不就是明日的中年人吗？今天的孩子们、少年们，在学校学习，在大学深造，努力掌握知识体系和专业技能,其最终目的就是成为一个有能力负责任,能照顾好自己,又能保护他人的国家栋梁之材。

在"基于绘本的儿童哲学教育课程在我校的开发与实施的研究"项目实施过程中,我们也热情邀请广大学生家长加入其中,希望在共同阅读的过程中增进亲子关系,谋求与孩子共同成长。毕竟,每一次和孩子共同阅读绘本,倾听孩子的表达,享受孩子在亲子阅读的过程中分享的每个细节,共同记录孩子成长历程中的美好点滴。家长在此过程中的作用和重要性是学校和教师所无法替代的。

当然,在分享这份美好的同时,我们也要引导孩子认识到:虽然人类有很强大的一面,但我们绝不能以邻为壑,更不能随便以己度人,强行用自己的逻辑和推理去影响或者试图改变动物和自然界,这是不可取也是不可行的。

这方面也有不少值得借鉴的绘本资料,诸如《寂静的春天》《增长的极限》等,但这些绘本太过于理论化,不适合三年级的孩子阅读。因此,我们从这一单元中精心挑选了一部分绘本供大家参考选用:《克里克塔》《妖怪山》《小狗的便便》《青蛙与蟾蜍好朋友》《大猫来了》《我的朋友是怪物》《动物绝对不应该穿衣服》《雪地里的脚印》《喂,小蚂蚁》《为什么小猫不会说话》等。如前两章所述,我们依旧可以借助绘本故事传递的力量帮助孩子们站在动物的立场上思考问题,培养孩子的换位思考能力和同理心,引导孩子们对自然界其他小动物产生共情。

我们可以想象以下情景:如果沐猴而冠,猴子会高兴吗?举例来讲,如果我们给豪猪穿上衣服,衣服就会被它身上的硬刺扎得千疮百孔;假设我们给老鼠戴上帽子,就等于把它关在沉甸甸的帽子下;如若给长颈鹿套上西装,那它长长的脖子上要打六条领带才行;倘若我们给麋鹿穿背带裤,它的脚就会卡在背带里动弹不得;无论如何一条蛇都是穿不上裤子的;如果给羊穿衣服,它就会把衣服当午餐吃掉;也别轻易尝试给海象穿衣服,因为它身上的衣服总是湿哒哒的……

请自行脑补以上画面,是不是觉得特别搞笑,但又特别通俗易懂,特别接地气,特别是能让孩子们瞬间理解了人与自然的边界?这些场景就来自科普绘本故事《动物绝对不应该穿衣服》。

拿到这本书,我们一眼就能看到封面上作者用特大号的红色字体鲜明地表明了自己的态度——"绝对不应该",提醒大小读者朋友们,绝对不应该用人类的思维去理解动物和自然界,这种一厢情愿的做法,很可能会带来灾难性的后果。这样的强调既是为了引起关注和警惕,同时更激发了读者的好奇心:为何不应该呢？而且是绝对不应该！这是什么意思？

绘本故事《动物绝对不应该穿衣服》表面上看是一个幽默、滑稽的喜剧故事，但是其中蕴含着深刻而朴素的哲学道理。它告诉我们：如果人们肆意妄为，就会违背原本非常有意义的自然规律。正如动物原本都是有皮毛的，给它们量体裁衣，本就多此一举，不仅违背了大自然的规律，还会对它们造成严重的侵害，损害动物们的健康。

正如我们在生活中常常说，不要将好事办成坏事。西方谚语亦有云：所有善良的心，都可以铺成悲剧的路。人与自然交往交融，在我们建设生态中国、美丽中国的社会主义建设中尤其要注意这点，尊重自然，敬畏自然，仰望生命的高峰。"春江水暖鸭先知"，自然界的发展进程都有其自身神秘而不可替代的时刻表。各类生物也都会以自己特有的方式适应自然，与自然界中的其他生物交融生存发展。诸如蛇会消灭老鼠，表面看起来似乎很残忍，但这并非坏事，蛇通过吃掉老鼠保持了其种群的平衡，避免鼠灾，这便是大自然的规律。

自然领域的任何事物都有特定的发展规律，不同种群都在各自的循环圈内发展循环，生生不息，往复不止。这个过程，如果单凭语言讲述，就显得单薄苍白，很难让孩子理解通透。因此，在和孩子进行绘本探究过程中，除了语言，我们还结合绘本中丰富精彩的图画帮助孩子们探索大自然的秘密。除此之外，实践证明，加强学科间的资源整合也不失为一种行之有效的途径。在这一单元中，我们尝试将绘本阅读与自然探究课程相结合，指导三年级的学生围绕环保主题开展自然律动主题的研究学习，特别是关注现实中人们对地球生态和自然资源的过度利用，启发学生进一步了解并尊重自然。毕竟，地球是适合人类生存的唯一家园。

简而言之，我们与大自然和谐相处的基本前提是：遵循自然规律，倾听自然声音，不过分向大自然索取，绝不浪费自然资源。这一前提意味着倘若我们仅仅凭一腔热情与大自然交流和对话，缺少一颗尊重大自然、尊重各种生物和生命的敬畏心，那么就难以避免发生沐猴而冠这般愚蠢的行为。

习近平总书记强调，我们要"像保护眼睛一样保护生态环境，像对待生命一样对待生态环境"。绿水青山就是金山银山，让我们带领孩子们遨游于绘本书海之中，在阅读过程中潜移默化帮助他们建立正确的责任观、自然观，形成具有创新意识、可持续发展意识和社会责任感的社会发展观和世界观，帮助孩子们理解生命的高峰和人之为人的责任，培养有环保观念的新一代社会主义新人。

《克里克塔》教学设计

上海市三灶学校　沈忆念

【教学目标】

1. 观察故事画面，围绕主题进行思考，大胆、清楚地表达自己的想法。
2. 理解大蛇和波特太太及孩子们之间发生的有趣故事。
3. 感受故事中的亲情以及人与动物和谐相处的美好情感。

【教学过程】

一、引入

1. 师提问导入。

师：小朋友们，故事书里除了有不同的人物外，我们还认识了许多小动物。说说看，你记得哪些可爱的小动物出现在故事书里？

没错，这些都是比较受人喜欢的动物。当然，故事中也有大家害怕的动物。（出示图片）比如小老鼠、蜘蛛、蚯蚓、毛毛虫。

师：大家为什么不喜欢这些小动物呢？（可能的原因：它们长得不好看，脏，外貌令人害怕。）

师：人们往往喜欢可爱漂亮的事物，对丑陋的东西敬而远之。对这样的观点，大家有什么问题和思考吗？

2. 学生交流，提出问题。

例1：外表丑陋的事物就一定坏吗？（不一定，刚才图中的蚯蚓就是益虫，它虽然其貌不扬，但可以翻松土壤，有利于农作物的生长。）

例2：决定别人对你第一印象的是什么？（可能是你的外貌，因为外表是你的第一张名片，保持自己的良好仪容是对自己的尊重，也是对别人的尊重；也可能是你所产生的作用，你对别人会产生的价值，对社会是有利还是有害，这才是最重要的。）

3. 介绍书及作者。

师：今天我们将一起读一个有趣的故事，故事的主角也是生活中有些人会害怕的一种动物。（出示封面）故事的名字叫《克里克塔》。这本书是由汤米·温格尔写的，由蒲蒲兰翻译的。

二、猜包裹

1. 师（讲述并出示绘图）：从前，在法国的一个小镇上，住着一个老太太，名叫路易丝·波特，我们就叫她"波特太太"。（板书：波特太太）

师：看看图，波特太太家的柜子上有什么东西？（交流）

师：照片上的人是波特太太的先生，他已经去世了。波特太太一个人生活着，她经常感觉非常寂寞。

2. 有一天早上，邮递员送来了一个奇怪的包裹。

师：为什么说这是个"奇怪的包裹"，奇怪在哪里呢？（生猜测）那么这个奇怪的包裹里会是什么呢？（继续猜测）

3. 教师（出示答案）：哇！是蛇！波特太太刚打开包裹，就"啊"地尖叫起来。（出示音效）

4. 师：你们怕蛇吗？为什么？

（交流后）师（补充）：蛇的种类非常多，目前世界上就知道有三千多种蛇，蛇有的是有毒的，有的是没有毒的。

5. 师：波特太太的蛇有没有毒？这个包裹是谁寄给波特太太的呢？猜猜看。原来，波特太太有一个儿子，在巴西研究爬行动物。包裹里的蛇，是儿子送给她的生日礼物。波特太太担心蛇有毒，于是去动物园查看，发现它是一种没有毒的大蛇，叫作波儿·肯斯特里克塔。

6. 师：现在可以放心了，蛇没有毒，而且那可是儿子送的生日礼物呢！（板书：儿子）从此，这条蛇就跟波特太太一起生活了。波特太太觉得那蛇的名字太长，便亲热地叫它"克里克塔"。让我们也亲切地叫一叫它。（男生读，女生读，齐读）

三、克里克塔的生活

1. 师：那么，波特太太对克里克塔好不好呢？我们继续往下读。

波特太太像疼爱自己的孩子一样，疼爱着克里克塔，还亲自给它喂牛奶。为了让克里克塔有回到家乡的感觉，波特太太特地买来了棕榈树。克里克塔高兴极了，像小狗一样使劲摇尾巴。克里克塔每天都吃得饱饱的，越长越长，越长越壮。（补充：瞧，克里克塔一天比一天长得好。）克里克塔跟着波特太太上街去买东西，把大家都吓了一跳。天气渐渐转冷，波特太太怕克里克塔受凉，专门为它织了一件好长好长的毛衣。克里克塔有一张暖烘烘的床，它躺在棕榈树下，做着甜甜的梦。到了冬天,它兴奋地在雪地里蹿来蹿去。

2. 感受故事中的蛇和一般的蛇的生活有所不同。

思考:在波特太太的照顾下,克里克塔的生活跟一般的蛇有什么不一样啊?

(从"吃、住、穿"三个方面感受)(出示三幅特写:喝牛奶,有床睡,有衣穿。)

3. 想象说话,感恩他人。

师:波特太太精心照顾着它。如果你是克里克塔,你想对波特太太说什么?

4. 观察克里克塔的表现。

师:克里克塔也和小朋友一样懂事呢!看看图中的克里克塔,你发现了什么?

(帮忙拿东西,帮忙拿书)

5. 感受动物与人的关系。

思考:他们的关系怎么样?

师:波特太太跟克里克塔简直就像是妈妈跟孩子呢!有了克里克塔的陪伴,波特太太再也不孤单了,他们相亲相爱,很幸福地生活在一起。(板书:爱心)

四、克里克塔和孩子们

过渡:克里克塔不仅和波特太太相处融洽,和镇上的其他人也十分友好呢。

克里克塔很喜欢和孩子们一起玩,不管是男孩,还是女孩。

1. 出示图片:看看他们是怎么玩的?(交流)

2. 师:野营时,它教孩子们打不同的绳结。看,有的孩子在克里克塔的指导下已经学会打结了,有的呢,还正虚心地请教,克里克塔教得多认真啊!

3. 师:克里克塔还是一条乐于助人的蛇。看看它是怎么帮助别人的?

4. 师:正因为这样,克里克塔深受孩子们的喜欢呢!

五、克里克塔在学校

过渡:克里克塔不仅和孩子们一起玩,还和孩子们一起上学呢!

1. 出示图:看,图中上课的这个人是谁呀?

2. 师:原来,波特太太是学校的老师。看,上课时,克里克塔的眼睛睁得大大的,多认真哪!可是,蛇又没有手,也不会说话,它怎样做数学题的呢?(看图并交流)

真聪明!克里克塔会用自己的身体回答问题,学习知识!

3. 师:小朋友们想不想扮演一下克里克塔?我来做波特太太,你们拿出课桌

里的扭扭棒,当一回克里克塔,通过扭动来算出答案!(出示两个问题)

小结:小朋友们和克里克塔一样聪明呢!

六、克里克塔和小偷

过渡:克里克塔不仅受到了孩子们、波特太太的喜欢,慢慢地也受到了小镇上的人的喜欢。

一天,当波特太太和朋友在喝咖啡时,朋友告诉她,最近镇里出现了小偷。就在这天夜里,小偷闯进了波特太太的家……

师:接下来会发生怎样的事呢?和你的同桌说一说。

(交流后)师:大家的想象力真丰富!书上呀是这么写的:小偷用手帕蒙住波特太太的嘴,把她绑在椅子上。这时,克里克塔醒了,它愤怒地向小偷扑过去。小偷害怕地尖叫起来,惊醒了邻居们。克里克塔紧紧地缠住小偷,直到警察赶来。因为它勇敢的表现,克里克塔获得了英雄勋章。(补充:瞧,这英雄勋章呀,是奖励给最勇敢的人的呢!克里克塔真了不起!)雕塑家还为它雕塑了一座铜像。整个小镇的人们都喜欢它,还把一座公园命名为"克里克塔"。(板书:市民和爱心)克里克塔一直幸福地生活在这里……

七、深化主题

1. 故事结束了,相信小朋友的心中又多了一位动物明星,它就是——克里克塔。让我们回过头去看看。初次见到克里克塔时,波特太太可害怕了,但是当波特太太了解了克里克塔这种蛇之后,就用真心和爱心去对待它。相应地,克里克塔也帮助波特太太,和孩子们一起玩耍和学习,还帮助镇上的人抓住了小偷,成了大家心中的英雄。

2. 故事到这里结束了,同学们对故事还有什么疑问吗?可以以小组为单位,共同讨论,推选出一个迫切想了解的问题,我们一起来思考。

生(闭眼投票选出问题):决定别人对你第一印象的究竟是什么呢?

生交流1:外貌。当别人对你一无所知时,只能通过对你的外貌衣着来判断猜测你的性格,因为一个得体大方的人会时刻保证自己外表的整洁。

师(引导思考):其他同学是否同意?

生交流2:不完全同意。许多成功自律的人的确会时刻注意自己的外貌,但也有许多道貌岸然的人,他们虽然外表光鲜亮丽,却有着一颗丑陋的心。例如,有的富人财力雄厚,却依旧贪婪,言谈举止依然没有教养。而许多山村里的农民,虽不富裕,但有着一颗善良淳朴的心。

师(继续引导):是否有不同的意见?

生交流3:但也有"穷山恶水出刁民"这句老话,还有"贼眉鼠眼"等这种形容词。

生交流4:这是环境对一个人的影响,也可能是"疑人偷斧"的心理作祟。人本是一张白纸,外界环境的影响是巨大的。文中的克里克塔本身只是一条蛇,也因为波特太太的真心呵护,被爱包围,克里克塔就成了深受大家欢迎的蛇。如果大家都戴着有色眼镜去看待它,就不敢保证它会成长为一条善良可爱的小蛇了。

3. 解决问题:观察封面中克里克塔环绕波特太太的画面,体会其中的寓意。

师:现在你们说说为什么波特太太的儿子要送她一条蛇。

4. 总结:生活中有些可怕的东西并不一定那么可怕,只是因为我们缺少了解。只要我们用真心和爱心去对待它们,一定会发现它们善良可爱的一面。

5. 有兴趣的小朋友还可以看看汤米·温格尔的其他有趣的作品,比如《三个强盗》。

【教学反思】

在日常生活中,我发现孩子们非常喜欢小动物,却对一些动物有害怕和畏惧的心理,如蛇、蝙蝠等。本次教学内容来自绘本《克里克塔》,作者汤米·温格尔将一般人都惧怕的蛇描绘得竟然是那么友善、聪明、可爱,完全改变了大家对蛇的传统印象。她所写的蛇与人之间的爱和深厚的感情,让我们打破了蛇凶猛可怕的刻板印象。

作为一次教学活动,除了有意思外,还要有价值。细细分析、阅读这个故事,我们可以发现,它蕴含了很多教育价值。

一是故事的情感性。故事中的儿子怕妈妈寂寞,送给妈妈一份独特的礼物,给妈妈的生活带来了很多乐趣,这是儿子对妈妈的爱。波特太太跑到动物园确认蛇没有毒之后,便把蛇当作孩子一样来疼爱。克里克塔陪伴在波特太太身边,那么温顺、体贴、聪明、勇敢。他们相处得那么自然、融洽,而那些能够与克里克塔一起玩的小朋友们又是多么令人羡慕!人见人怕的蛇变得人见人爱了,人与动物和谐相处,故事中处处洋溢着爱的氛围。这种情感、这种爱又是孩子们在生活中经历过的,因此它深深地吸引着孩子们。我们可以让学生进一步迁移、体验、培养这种美好的情感。但是绘本故事情节较长,内容较烦琐,无法在有限的时间内全部阅读、理解，所以本活动以导读为基准，着重突出书本前半部分，起到对孩子情感和行动的引导和熏陶。

二是故事的智慧性。故事中渗透了很多科学的、数学的知识，如有关动物的知识、数学概念等方面的内容。这些都很适合学生的经验水平和兴趣需求。

三是故事的想象性。故事中处处有法国式的浪漫和想象。波特太太收到儿子寄来的生日礼物，这礼物竟是一条蛇。蛇可以像小宝宝一样被抱着喂奶；身子竖起来变成了书架；柔软的身体可以变成各种数字，变成滑滑梯和绳子。想象无处不在，它引领着孩子们走进想象的神奇世界，发展想象能力。

整个教学活动，主要运用了以下几种教学方法：一是启发提问法，运用多样性、启发式、开放式的提问，启发学生观察、思考，鼓励学生根据自己的生活经验大胆表达自己的见解。二是多媒体演示法，在活动中运用多媒体教学，符合学生爱看动画的特点。教学中，教师通过播放鲜明、生动的动画形象，容易吸引学生的注意力，激发学习兴趣和热情，帮助学生理解和记忆，带领学生进入故事情境，更好地理解故事的内容和所表达的情感。三是移情训练法，帮助学生理解、分享别人的情绪情感体验，使学生在日后生活中，对类似的情景做出正确的判断。这些方法的应用，使活动丰富多彩，充分调动了学生学习的积极性，让学生在活动中获得知识和快乐。

通过试教和反思，我对方案进行了一些调整。比如，将部分比较封闭的问题，调整为开放式提问，更有利于学生开动脑筋、发散思维。还有针对PPT画面的一些微调，更有利于学生观察画面。我给予学生充分表达表现的机会，关注到了每个孩子。针对孩子们的回答，我用了追问、梳理等方式进行回应，引导他们完整清楚地表达自己的想法。小朋友们的表达表现能力较强，他们都积极举手，很乐意表达自己的想法和意见，语句比较完整。

当然也有不足部分，在师生互动的回应上还需要不断提升，比如说回应的方式，怎么回应更有价值，回应的多元性上还需要不断调整。如：提问"克里克塔会怎么做呢？"，我可以在孩子回答后回应：刚刚你们想了很多好办法，有的用工具，有的是小蛇自己的身体，有的寻求别人的帮助。可以在最后把学生的回答通过梳理的方式进行小结。在情感激发上，我对于一些细节的处理还需要不断优化。

这是一个充满温情的故事，作者经常把那些所谓"负面人物"或大家不太喜欢的形象作为作品的主人公，塑造出个性独特、富于魅力的绘本明星。克里克塔改变了蛇在人们心中的形象。看到聪明体贴的克里克塔,你也许会感慨,为什么我会那么惧怕蛇呢?如果我也能有一条像克里克塔这样温顺的蛇,又会发生什么样的故事呢?这些给大家留下了无限畅想的空间。

这本绘本为我们传达了人与动物和谐相处的美好情感。人与自然和谐相处,体现了人类对生命的关怀和尊重,是一种崇高的道德修养。有爱心的人将会得到社会的认可和赞许。如果社会中人人都心存爱心,心中有"爱护动物、尊重生命"的理念,那么这个社会必然会是一个高度文明的社会、一个道德素养很高的社会。这印证了达尔文所言的:"关心动物是一个人真正教养的标志,是一个社会高度文明的标志。"因此,涵养孩子们对地球公平友好之情,应该遵循自然规律,合理地使用相关资源,唤醒孩子们的环境意识;教育他们爱护地球及地球上的一切生物,理解人应该与自然万物和谐共处,形成尊重自然与可持续发展的观念。

有这样一个真实的故事,它发生在黑龙江省萝北县名山镇名山岛附近。一名看似有贵族气质的女游客来到黑龙江边游玩,没想到一只流浪的小猫路过脚边,这名女游客不但没有产生同情心,反而用高跟鞋踩死了这只小猫。这个情景被当地的电视台记者拍摄了下来,并将它发表到了网上,这名虐猫女受到了众多网民的指责和唾骂。这种虐猫行为是多么残忍啊!

也许有人认为,动物的价值是低廉的,不需要我们去呵护。那么,他错了。动物的生命与人类的生命是紧密联系在一起的。既然我们知道善待、珍惜自己的生命,难道就不能设身处地为动物想一想,它们是否也需要人类的尊重与呵护呢?

其实动物为人类奉献的很多很多。它们任人宰割,让人们填饱肚子;它们忍受劳累,背着人们,行走十万八千里;它们是那么勤劳,背着沉重的犁,为人们耕地,种植稻谷、蔬菜。我们人类的文明发展史,何曾离开过动物的帮助?

它们为人类付出了这么多,难道不能换来人类的一点点尊重吗?

爱护动物、尊重生命,促进人与动物和谐相处,是慈悲、仁爱的源泉,是社会道德取之不尽、用之不竭的能量源泉。故而,现代社会里人与动物如何相处已经成了当代小学生走向文明的必修课之一。

《妖怪山》教学设计

上海市浦东新区竹园小学　桂丽晨

【教学目标】

1. 了解绘本主要内容，理解"妖怪山"蕴含的真正意义。

2. 捕捉绘本的想象空间，增强逻辑思考、预测推理能力，提升语用素养。

3. 透过文字与画面，学会用图文结合、读想结合、多维对话的方法，初步体悟生命与友谊的价值。

【教学过程】

一、课前交流　期待阅读

1. 交流谈话：说说《西游记》中的神怪形象。（白骨精、孙悟空、唐三藏、猪八戒、沙和尚、白龙马、红孩儿、牛魔王等）

2. 引发期待：今天我们来读一个有关妖怪的故事，看看这个妖怪故事有什么不同之处。

二、图文结合　想象表达

1. 出示封面，揭示课题，学生齐读课题——妖怪山（板书：妖怪山）。

2. 学生猜测"妖怪山"名字的由来。

（山上有妖怪，所以叫妖怪山；可能是山的形状像妖怪。）

3. 教师阅读描写"妖怪山"名字由来的语句。

离村子不远有一座小山，小山不算太高。山上长满了茂密的树。村里的人管它叫妖怪山，不是因为它长得像妖怪，而是山上的裂缝特别多，就像手掌上的纹路一样多。大人怕小孩掉进裂缝卡住出不来，就编了一个吓人的传说，说山上有妖怪，谁要是掉进裂缝里被它抓住了腿，就会变成一个妖怪。

4. 学生自由阅读去年的夏天在妖怪山上发生的失踪事件。

（1）指名回答：去年的夏天在妖怪山上发生了一件什么事？（夏蝉失踪了）

（2）学生猜想失踪的夏蝉去了哪里。

5. 学生带着疑问把目光投向去年夏天发生在夏蝉和她的三个好朋友身上的故事。

（1）学生看着图片，读着文字，用"那个（　）的孩子是（　）"的句式，介绍绘本中的四个孩子,并关注他们向妖怪山进发时所做的动作。

(2)指导学生朗读野狐爸爸吓唬四个孩子的语句。(去妖怪山?那你们可要当心啊!要是被妖怪抓住了,它会伸出长长的绿舌头,"哧溜……哧溜……"地舔你们的脚,就像吃冰棍一样!)

(3)学生看图,体会未被野狐爸爸的话吓唬住的孩子们登上妖怪山的心情。

(4)学生观察图片猜故事情节。

①(出示孩子们做游戏的图片)学生看着图片猜猜孩子们登上妖怪山后玩的游戏的规则,指名读描写游戏规则的语句。(我们拉成一个大圈转起来,谁要是转不动跌倒了,谁就是妖怪,妖怪要来抓其他人。其他人要躲开妖怪。妖怪抓到人的时候要说"我吃掉你了"!如果全部人都被妖怪抓到了,那妖怪就胜利了。)

②(出示夏蝉跌倒的图片)学生猜想游戏中发生了的意外,练习朗读夏蝉说的话,体会她身处危险时的心情。(快救救我!我的腿被卡住了……快把我拉出来……)

③学生继续猜想夏蝉身处危险时,其他孩子的想法和做法,并读一读相关的语句。(妖怪!是妖怪抓住了她的腿!)

学生讨论交流:夏蝉的三个好朋友为什么丢下处于危险的她呢?(他们想到野狐爸爸说过要是被妖怪抓住了,它会伸出长长的绿舌头,"哧溜……哧溜……"地舔你们的脚,因为害怕妖怪,所以他们丢下了好朋友,朝山下逃去。)

6.学生走进夏蝉失踪一年后发生的故事。

(1)一年过去了,没有夏蝉的任何消息,学生猜想夏蝉的处境。

(2)(出示:夏蝉失踪后三个好朋友生活状态的图片)引导学生从观察人物的动作、神情与画面中对其他事物的刻画揣摩人物的心理,学会读懂无字书的方法,读懂画面里藏着的文字。

(3)失踪一年的夏蝉来信了,学生猜想信的内容。

(4)学生听录音:失踪一年夏蝉的来信,说说从夏蝉的信里读懂了什么,并交流收到来信后三个好朋友的内心活动。

(5)质疑:变成妖怪的夏蝉邀请三个好朋友再次回到妖怪山和她做完去年的游戏,这样,她才能重新变成人类,孩子们会如约而至吗?学生说说自己的理由。(会,他们想救夏蝉。不会,他们很害怕。)

(6) 阅读相关的语句后,学生讨论交流:三个小伙伴再次来到了妖怪山上,他们将会迎接怎样的挑战?三个孩子怕得要命,可为什么还要再来呢?(他们一定非常后悔,也一定非常难过,也一定非常想补救自己曾犯下的错误。所以,害怕依然存在,可他们有战胜害怕的决心,他们在一年后勇敢地面对自己的害怕和恐惧,还有愧疚。勇敢地迈出了这一步。)

(7) 观察绘本中大跨页的画面,交流三个孩子是如何救出夏蝉的。

① 打开绘本,帮助孩子理解独特的图画形式"大跨页"。

② 第一组大跨页如放电影似的慢慢地展示在学生眼前,学生观察画面猜想故事情节,走向三岔路口的孩子哪去了?

③ 出示第二组大跨页,小组交流看懂了什么。

④ 学生汇报:三个好朋友变成了妖怪,因为妖怪做着他们当初上山时的动作,从夏蝉开心的表情中,看出夏蝉已经从他们的动作中认出了三个好朋友。

⑤ 出示文字:验证了孩子们的猜想正确。

⑥ 合作朗读,感受四个孩子的心情。

⑦ 学生分角色表演夏蝉和变成妖怪的小伙伴之间的故事。

⑧ 教师小结:尽管有曲折,有起伏,三个孩子还是用自己的努力救回了自己的朋友,弥补了那年的过失;野狐、虎牙、笛妹,他们也用自己的行动弥补了过失,心灵上得到了宽慰。

⑨ 学生齐读:夏蝉终于又变回了一个人类小女孩。

三、回味文本 体悟哲思

1. 引导学生想想整个故事,交流:野狐他们靠着什么战胜了妖怪,救出了夏蝉。(友情、勇气、团结)

2. 学生齐读这本书的作者彭懿叔叔在书的扉页写下的一句话:每个孩子的心中都有一座妖怪山,绕开它,还是跨越它?

3. 学生思考讨论:书中的孩子心中的妖怪山是什么?你认为是绕开还是跨越它们?

4. 教师总结:正如大家所知道的那样,书中的孩子们用勇气、智慧、团结战胜了妖怪山,战胜了妖怪山中的种种磨难;也正如我们所认识的那样,生活中的我们就是要凭借坚强的决心、勇敢的行动,跨越心中代表着困难的一个个妖怪山。孩子们,能做到吗?好的,相信你们!课后有兴趣的同学再去读读图画书《妖怪山》,说不定你们会有新的发现,新的收获。

板书设计

妖怪山

一年前　　　　　一年后

丢下朋友　　　　救回朋友

（胆小、逃避）　（勇敢、面对）

【教学反思】

小学生正处于人生观、世界观和价值观发展的关键时期,因此,笔者结合大卫·库伯的体验式学习理论"学习不是内容的获得与传递,而是通过经验的转换从而创造知识的过程",在绘本《妖怪山》的教学过程中,从情感体验出发,透过文字与画面,学会用图文结合、读想结合、多维对话等多种方法,鼓励学生在不同人物角色中体验,引发小学生的情感共鸣,学生在主动参与的过程中,从不同角度思考和讨论问题,理解"妖怪山"蕴含的真正意义,初步体悟生命与友谊的价值。

一、代入"怪情境",增强感知力

《妖怪山》是一个关于友情和救赎的幻想故事。在课堂教学中,学生猜测"妖怪山"名字的由来,接着笔者将孩子们代入绘本故事的"怪"情境:一年前,夏蝉失踪了。没有人知道她的下落,除了她三个最好的朋友。那是暑假第一天的下午,野狐、夏蝉、虎牙、笛妹,四个小伙伴高高兴兴地朝妖怪山进发了。他们登到山顶,开始做起了"妖怪抓小孩"的游戏,手拉起手,一边唱起自己编的歌谣,一边转起圈,谁先跌倒谁就是"妖怪",要去抓其他人。夏蝉先跌倒了,她是"妖怪"！她在追赶同伴的过程中发生了意外状况,三个小伙伴吓坏了,扭头就跑……一年后,夏蝉给三个好朋友写了一封信,请他们再回妖怪山,做完那个游戏,这样她才会变成人类小女孩,回到他们身边。

由此,学生或许会产生一系列的疑问:"他们能够如约而至吗？神秘的妖怪山隐藏着怎样的世界？夏蝉变成了什么样的妖怪？再回妖怪山,他们将接受怎样的挑战呢？他们能顺利地救回夏蝉吗？夏蝉最后有没有再变成人类小女孩？……"学生在学习过程中有感情的投入,在体验中"渗入",在实践中"融入"。

现实生活中,我们往往会忽视环境和氛围的营造,导致孩子们情感体验的教育情境缺失。本节课,笔者充分利用绘本故事《妖怪山》中的"怪情境",营造有利于小学生情感体验的课堂氛围,那么学生自然而然会有参与感、融入感以及获得感,从而更好地激发其内在动力。

二、培养"移情力",提升认同感

"移情"是指既能分享他人情感,对他人的处境感同身受,又能客观理解、分析他人情感的能力,是个体内真实或想象中的他人的情绪状态引起的并与之相一致的情绪体验。移情是"情感体验"中的重要环节,小学生能通过移情表达自己的情感。

那么,如何培养小学生移情能力呢?本节课中,学生通过在一定的氛围和情境中进行设身处地的思考和体验,体会"妖怪山"蕴含的真正意义。

笔者通过指导学生朗读野狐爸爸吓唬四个孩子的语句,再通过看图,体会四个小朋友未被野狐爸爸的话吓唬住,登上妖怪山的心情。

接着观察图片,学生猜想游戏中发生了的意外,在练习朗读夏蝉说的话中体会她身处危险时的心情;继续猜想夏蝉身处危险时其他孩子的想法和做法。继而抛出问题引起思考:夏蝉的三个好朋友为什么丢下处于危险的她呢?

于是,大家一起走进夏蝉失踪一年后发生的故事。通过猜想夏蝉的处境、猜想并倾听失踪一年的夏蝉写信的内容,质疑孩子们是否会再次回到妖怪山和变成妖怪的夏蝉做完去年的游戏?并思考讨论:三个小伙伴再次来到了妖怪山上,他们将会迎接怎样的挑战?三个孩子怕得要命,可为什么还要再来呢?

最后观察绘本中大跨页的画面,交流三个孩子是如何救出夏蝉的。并小组合作,分角色表演夏蝉和变成妖怪的小伙伴之间的故事。

通过情感体验,学生对他人的处境感同身受,学会勇敢面对挑战,初步体悟生命与友谊的价值:尽管有曲折,有起伏,三个孩子还是用自己的努力救回了自己的朋友,弥补了那年的过失;野狐、虎牙、笛妹,他们也用自己的行动弥补了过失,心灵上得到了宽慰。

三、分享"真心话",体悟哲思想

如何引导小学生体验情感、感受情感、认识情感,受到情感上的启发与熏陶,激发学生勇敢地进行"真心话"的表达,更好地理解并表达出"妖怪山"蕴含的真正意义,最终水到渠成地达到本节课的教育目的?首先,引导学生想想整个故事并交流:野狐他们靠着什么战胜了妖怪,救出了夏蝉。

接着,齐读这本书的作者彭懿叔叔在书的扉页写下的一句话:每个孩子的心中都有一座妖怪山,绕开它,还是跨越它?引发学生与角色在情感上的共鸣,并展开思考讨论：书中的孩子心中的妖怪山是什么？你认为是绕开还是跨越它们？以此来唤醒学生对"妖怪山"的理解。

此时此刻，孩子们在畅谈自己的想法中，感悟到书中的孩子们用勇气、智慧、团结战胜了妖怪山，战胜了妖怪山中的种种磨难；也正如我们所认识的那样，生活中的我们就是要凭借坚强的决心、勇敢的行动，跨越代表着困难的、心中的一个个妖怪山。

其实，在现实生活中，很多悲剧发生了，就难以弥补了。但是在绘本《妖怪山》中，作者给了孩子们一次弥补的机会。当野狐、虎牙和笛妹虽然害怕妖怪，仍然下定决心来到妖怪山救回夏蝉时，他们就学会了勇敢面对挑战。

绘本故事中的"妖怪山"与其说是一座山，更像是人们心中的魔障。无论是大人，还是孩子，只有跨越心中的魔障，才能更好地前行，遇见更好的自己。每个人的成长之路都不是一帆风顺的，既有风和日丽，也有雨雪风霜，只有经历过风雨的洗礼和霜雪的考验，才能获得勇气和智慧，才能更加茁壮地成长。

四、一点思考

课后，笔者在思考，我们的道德意识是从哪里开始的？其实，就是从童年最细小的地方开始的。所有的道德都意味着牺牲，不抢别人的饼干也意味着会少吃一块或许能抢到手的饼干。而牺牲就是与自己的动物性，与一些本能的需求作抗争。道德要承认这种本能，然后才会有抗争和战胜。孩子们第一次逃跑就是本能，是在本能支配下的行动；经过一年的懊悔和痛苦，他们下决心再上山，勇敢地做完游戏，这就是他们的抗争了。勇敢的孩子不是天生的，道德也不是生来就有的。就是在这样的过程中，我们才能一点一点成长。

因此，笔者认为让孩子学会勇敢是需要时间的。当孩子们年纪太小时，跟他们摆事实讲道理往往是行不通的，于是，家长们会编造出各种各样的妖怪，让孩子们因为害怕而乖乖听话。可孩子们稍稍长大一点，就看穿了大人的"谎言"，也就不再畏惧了，就会大着胆子去尝试危险的游戏。他们或许在尝试中遭遇危险和失败，或许在尝试中获得经验和智慧，然而这一切都是成长的代价和生活的意义。

反思本节课中的不足之处，笔者给孩子们分角色表演夏蝉和变成妖怪的小伙伴之间的故事的准备时间比较短，应该多给他们一些准备时间，让每一个学生都有展示的机会，相信孩子们会有更多的想法和更深的感悟。最后分享"真心话"环节,预留的时间也比较短,如果在时间允许的情况下,学生能更充分地思考并表达自己的感受,那么他们的情感体验会更加丰富。经过这一次的绘本教学,笔者在反思中成长,在以后的教学中,更加合理分配时间,和孩子们继续在"情感体验"中悟哲思。

小学生的情感体验是非常重要的。从绘本故事入手悟哲思,学生对绘本故事中不同人物的感知、认同出发,通过丰富的体验活动,通过绘本教育,在故事情境中帮助学生用积极的情感化解生命中的哀伤,在以后的生活中对他们的生命发挥积极的影响,体悟生命与友谊的价值。

第四章　理解生命的衰弱

众所周知，中国已进入老龄化社会，这是一个严峻的社会问题。

《中国发展报告 2020：中国人口老龄化的发展趋势和政策》预测，我国在 2022 年左右，由老龄化社会进入老龄社会，届时 65 岁及以上人口将占总人口的 14% 以上。老龄化进程仅用了 22 年左右，老龄化速度远高于最早进入老龄社会的法国和瑞典等欧洲发达国家，上述两个国家分别用了 115 年和 85 年才走向老龄社会。

对于中国社会而言，高龄化是人口的一个重要的特征。《中国人口和就业统计年鉴》显示，2000 年至 2018 年，低龄老年人口、中龄老年人口和高龄老年人口占总人口的比例逐年上升，其中高龄老年人口的平均增长幅度最大，未来老年人口年龄结构中"高龄化"现象将逐渐凸显。

相比于老龄社会的突然而至，我们似乎还没能做好有关准备。在我们的传统文化中，对"出生"的喜悦，对"豆蔻年华"的赞颂，要远远多于对生命衰弱的尊重和体谅。

然而，衰老是每一个自然生命体无法回避的过程。人到了一定的年龄，就会长出满头银发，就会满脸布满皱纹，就会行动迟缓无力，这些都是人体衰老的外在表现。

此外，在人体的衰老过程中，也会伴随着各种各样的基础性、系统性疾病——高血压、糖尿病、高血脂、冠心病……都会接踵而至。因为人体逐渐衰弱的身体，像一部老旧的机床，会涌现出数不胜数的问题和隐患，令老年生活痛苦不堪。

身体的疾患，或许尚可以靠药物和意志力抵抗。那么，随着年龄增长而出现的精神性退行性疾病，如阿尔茨海默症、帕金森，则真正可能成为剥夺老年人生活尊严，压垮老年人的最后一根稻草。仅阿尔茨海默症这一病例，它让衰微的生命体行至人生的末尾，最后遗忘自己的名字，遗忘至亲之人的面容，遗忘回家的路，遗忘之前生命中所发生的一切。

这种生命最真实而又最冷酷的底色,我们该如何告诉孩子们呢?我们该如何帮助风华正茂的少男少女们理解生命的衰弱呢?对于这样阴郁而抽象的话题,绘本故事给我们提供了一个很好的抓手。以绘本为媒介,我们可以帮助孩子们形成自己对这一问题的解读和认识,引导他们认识到生活有光鲜和亮丽的一面,也有灰暗和不堪的一面。无论是美的还是丑的,美好的还是无奈的,我们都应该用包容的心予以接受,并予以理解和尊重。在这方面,《外婆变成了老娃娃》这一绘本堪称经典。它讲述了"小米与外婆"的情感故事:

"小米最喜欢外婆,从小就是外婆的小尾巴;外婆也最疼爱小米,每天都会做赤豆红枣汤给小米喝。可是有一天,小米没能吃上外婆做的赤豆红枣汤,因为外婆病了,她得了遗忘病。妈妈说,外婆会慢慢忘记一切,也会忘记小米。但小米没有放弃,从现在开始,她要照顾外婆了……"

故事在一开始就讲述了小米与外婆的关系转变,首先让孩子们意识到每个人都会老,都会像"小米的外婆"那样,面临生命的衰弱,逐渐丧失年轻的光彩。不仅如此,绘本里还描绘了不少关于衰老的细节,用形象生动的语言和图画帮助孩子们理解"老"的含义,比如:"外婆的记忆好像一只破了洞的布袋,里面装的东西会一点一点慢慢漏掉,最后,连我们是谁也会忘记。"

通过这样生动翔实的描述,孩子们就会理解,原来生命的衰微也是一个渐进的过程,是一个逐渐丧失的过程,是一个逐渐离别的过程。在此过程中,我们应该给长辈以足够的关心与照顾,就如同书中小米和妈妈做的那样——

"小米和妈妈一起帮外婆洗澡。泡在浴缸里的外婆舒服地眯上了眼睛。外婆成了一个幸福的老娃娃。这时候,外婆已经不认识小米的妈妈了。但是,外婆还是记得小米的。变成了老娃娃的外婆还是那么温和。她很少说话,脸上常常挂着笑。"

综观整个故事,绘本中并没有任何一点说教的词藻,却用细腻的描写告诉孩子们,生命是一个循环往复的历程,传递着"你陪我长大,我陪你变老"的爱的力量。孩子们由此也必然会懂得,爱的反哺是抵抗衰微的暖流,也是生活中必修的功课。

这也就暗合了"庄子鼓盆而歌"的哲学意涵。

庄子妻死,惠子吊之,庄子则方箕踞鼓盆而歌。惠子曰:"与人居,长子、老、身死,不哭亦足矣,又鼓盆而歌,不亦甚乎!"庄子曰:"不然。是其始死也,我独何能无概然！察其始而本无生，非徒无生也而本无形；非徒无形也而本无气。杂乎芒芴之间，变而有气，气变而有形，形变而有生。今又变而之死，是相与为春秋冬夏四时行也。人且偃然寝于巨室，而我噭噭然随而哭之，自以为不通乎命，故止也。"①

大道运行，万物一齐，萌发与衰微同在。庄子认为，仔细考察，人原本就不曾出生。他还说，不只是不曾出生，而且宇宙之间本来就不曾有形体，且原本就不曾有元气。夹杂在恍恍惚惚的苍茫之中，历经各种变化而生出元气，元气变化而有了形体，形体变化才有了生命。所以，这一切都是自然的规律。既有了新生，就会有衰老，这就跟春夏秋冬四季循环一样，衰老的变化，就像四季更替如常，都是生命的一个阶段。

如此艰涩的哲学理论，对着三年级的学生照本宣讲，如同对牛弹琴，孩子们无法理解此中深意。但若结合《外婆变成了老娃娃》这类绘本来展开，就能因势利导地在孩子们小小的心灵中种下一棵思辨的种苗，为他们长大之后自行感悟和体会博大精深的生命哲学思想奠定了小小基石。

在这一单元，我们选用了《外婆变成了老娃娃》《不要和青蛙跳绳》《逃家小兔》《猜猜我有多爱你》《爱心树》这一类以关心长辈的感恩教育为主题的绘本。"老吾老以及人之老"，感恩长辈，对长者致以敬意，是我国的传统文化与传统美德，虽历经千百年而绵延不绝，历久弥新。如果说，年轻人是春天的美，而老人则能使人体味到一种秋天的成熟和坦率，是硕果累累的喜悦与满足。人如草木，有繁茂就有凋敝。谁也不可能总是年轻，谁都要跨进老年者的行列。感恩长辈、反哺长辈的文化，以潜移默化、代代相传的方式，展示着中华民族的伟岸而宽和的精神世界。孩子理解衰老，尊重老人，也表达着我们的社会对美好理想、智慧与伦理道德的追求与向往。这种传统美德的接续传承，宛如一幅徐徐展开的历史文化长卷，充满诗情画意。

正如费孝通先生提出的那样，社会继替的过程，也就是每个人的老去都有其价值，都是在为社会的新陈代谢做出贡献，都是在为社会培养合格的新成员。从这个角度出发，衰老是值得尊重的，是值得致以崇高敬意的。对孩子来说，感恩哺育我们的人，是生活中重要的历程之一。

时光荏苒人易老，银发双鬓脸泛黄。儿孙乐，笑语满堂。喜融融，幸福万年

---

① 《庄子·至乐》。

长。莫让暮年似流水,珍惜享受好时光。所谓"夕阳红",老年本就是人的一生中非常美好而又值得珍惜的岁月。随着社会的进步和发展,老有所养、老有所依、老有所乐、老有所安,逐步成了现实,更是我们全面建成小康社会的题中应有之义。

习近平总书记明确提出:要让所有老年人都能有一个幸福美满的晚年。[①]

理解衰老,尊重老年人,提升老年人幸福感,我们的教育应该从孩提时代抓起。全社会的理解和关心,全社会的敬老与爱老,有利于提升老年人的幸福指数,缔造幸福中国。在日常生活中,我们尤其要关注老年人的心理问题,提高老年人心理健康水平,这样才有利于家庭和谐、社会稳定。儿孙的陪伴和理解,有助于增强老年人幸福感,能有效抵抗抑郁和孤独感等心理问题,有助于积极应对已经到来的老龄化社会,促进我国健康老龄化和积极老龄化目标的实现。

百善德为本,敬老孝当先。孝是做人的基本道德,谁言寸草心,报得三春晖。长辈几十年如一日,无怨无悔地为子女付出而不求回报,我们更应该教育孩子懂得感恩,感谢那些从不缺席的关心和行动,以及永远都没有停歇的爱。

正因为长辈们曾经经历了千辛万苦,以满腔热血为民族解放和国家的建设奉献自己的青春和力量,为社会的发展、子女的哺育、家庭的建设付出了辛勤的汗水,所以我们要理解衰老不仅仅是成熟的标志,更是爱的印记。

当衰老来到我们身边时,请好好陪伴之、呵护之、理解之,就像我们儿时,父母长辈曾关心、关注、呵护、理解我们一样,就像书中小米陪伴外婆所做的一样,闲看花开花落、云卷云舒:

她最喜欢坐在窗口看风景,小米陪着她一起看。

"一辆车车往东走。"外婆说。

"一辆车车往西走。"小米说。

"一片叶子落下来。"外婆说。

"一阵风儿吹过来。"小米说。

外婆一直都没有忘记小米是谁。

外婆不会惧怕老去,因为她还有小米温柔的陪伴。陪伴是最长情的告白,相守是最温柔的承诺。

[①] 摘自《习近平在河北承德考察时强调 贯彻新发展理念弘扬塞罕坝精神 努力完成全年经济社会发展主要目标任务》,2021年8月26日刊登在《人民日报》第一版。

《猜猜我有多爱你》教学设计

上海市三灶学校　赵樱子

【教学目标】

1. 通过看图画、读文字、猜测、想象、议论、表演等活动,读懂故事,感受阅读的快乐。

2. 初步学会静心阅读、注意聆听、留心观察等绘本阅读的基本方法。

3. 在阅读故事的过程中,感受大兔子和小兔子之间浓浓的爱,并能懂得关心长辈、学会感恩。

【教学过程】

一、导入谈话

1. 师:今天,我们一起到一片安静美丽的森林里去,在那里会碰到两只可爱的兔子。这两只兔子之间呀,发生了一个有趣的故事。

这个故事的名字叫——《猜猜我有多爱你》。

师生共读书名。

2. 师:这本书啊,是一位外国作家写的,他的名字叫山姆·麦克布雷尼。名字很长的,第一次听到吧。你们看看,这本书的扉页上,画着什么啊?

小兔子骑在大兔子的脖子上,脸都朝着我们,好像在向我们打招呼,在对我们说:"来吧,跳进这个故事里来吧!"

3. 师:读故事的时候,老师希望大家做到:

第一,仔细听,边听边想;第二,留心看,看明白图画的意思;第三,大胆说,说出自己的想法。

二、欣赏作品,感受爱的氛围

1. 故事:小兔子该上床睡觉了,可是他紧紧地抓住大兔子的长耳朵不放。他要大兔子好好听他说"猜猜我有多爱你"。"喔,这我可猜不出来。"大兔子说。

提问:刚才小兔子对大兔子说了一句什么话?

2. 故事:小兔子把手臂张开,开得不能再开。"我爱你有这么多。"

大兔子的手臂要长得多,他说:"我爱你有这么多。""嗯,这真是很多。"小兔子想。

提问：小兔子用了一个什么动作来表示爱？（把手臂张开，张到无法再张开。）

提问：为什么要张开？（说明心里的爱多）

一起来表演："我爱你有这么多。"

3. 你们猜猜小兔子和大兔子会用什么方法表示爱呢？

教师继续讲故事：

"我的手举得有多高，我就有多爱你。"小兔子说。"我的手举得有多高，我就有多爱你。"大兔子说。这可真高，小兔子想，我要是有那么长的手臂就好了。小兔子又有了一个好主意，他倒立起来，把脚撑在树干上。"我爱你一直到我的脚指头。"他说。大兔子把小兔子抱起来，甩过自己的头顶，"我爱你一直到我的脚指头。"大兔子把小兔子抱起来，甩过自己的头顶："我爱你一直到我的脚指头。""我跳得多高，就有多爱你！"小兔子笑着跳上跳下。"我跳得多高，就有多爱你。"大兔子也笑着跳起来，他跳得这么高，耳朵都碰到树枝了。这真是跳得太棒了，小兔子想，我要是能跳得这么高就好了。

提问：小兔子又用了哪两种方法表示爱大兔子的？（心里有爱要大声说出来）老师来当你们的妈妈，我们来比一比，把脚也踮起来，请小朋友看看妈妈的爱多，还是你的爱多？

（生伸高手臂：我的手举得有多高，我就有多爱你）

（生跳高：我跳得有多高就有多爱你）

4. 继续讲故事：

"我爱你，像这条小路伸到小河那么远。"小兔子喊起来。"我爱你，远到跨过小河，再翻过山丘。"大兔子说。这可真远，小兔子想。他太困了，想不出更多的东西来了。他望着灌木丛那边的夜空，没有什么比黑沉沉的天空更远了。

小兔子讲着讲着，他太困了，想不出更多的东西了。他望着高高的夜空，没有什么比黑沉沉的天空更远了。"我爱你一直到月亮那里。"说完，小兔子闭上了眼睛。"哦，这真是很远。"大兔子说，"非常非常的远。"大兔子把小兔子放到用叶子铺成的床上。他低下头来，亲了亲小兔子，对他说晚安。然后他躺在小兔子的身边，微笑着轻声地说："我爱你一直到月亮那里，再从月亮上回到这里来。"

5. 小结讨论。

故事读完了，你们觉得小兔子和大兔子到底谁爱谁更多一点呢？

（1）小兔子虽小,但他已经尽自己的所能表达了对大兔子的爱,而且用他的聪明可爱赢得了大兔子更多的爱。

（2）小兔子真的很爱大兔子,但是小兔子的爱怎么也超不过大兔子对他的爱。

三、回顾故事

同学们,让我们一起来重温这个充满爱的故事吧！同学们读小兔子的语言,表演小兔子的动作,老师来演大兔子,好不好？（通过教师大声读,学生动情读、参与演,学生可以感知故事,了解小兔子和大兔子之间的爱并通过这个故事让学生学习向自己的亲人表达爱。）

"我爱你有这么多。"

"我爱你有这么多。"

"我的手举得有多高,我就有多爱你。"小兔子说。

"我的手举得有多高,我就有多爱你。"大兔子说。

"我爱你一直到我的脚指头。"

"我爱你一直到我的脚指头。"

"我跳得多高,就有多爱你！"

"我跳得多高,就有多爱你！"

"我爱你,像这条小路伸到小河那么远。"

"我爱你,远到跨过小河,再翻过山丘。"

"我爱你一直到月亮那里。"

"我爱你一直到月亮那里,再从月亮上回到这里来。"

四、拓展思维,迁移作品

1. 师提问:大兔子真的很爱小兔子,在生活中有没有像大兔子爱小兔子一样爱你们的人呢？他们是怎么爱你的？

2. 说一说,我对爸爸妈妈的爱。

（1）平时在生活中,爸爸妈妈是如何表达对你们的爱的呢？

（2）重点讨论:教师出示大海、大山、大树、星星、月亮等图片,请个别长于表现的学生到台前来,选择其中一张图片,用自己的语言和动作来表达对父母的爱。

过渡:刚刚老师听小朋友说了爸爸妈妈对我们的爱,确实我们的爸爸妈妈都那么爱我们,那我们也来表示一下对爸爸妈妈的爱吧。你们看,我这儿有这些图片,请你选择其中一张图片,用自己的语言和动作来表示对爸爸妈妈的爱。那你准备选择哪张图片,用什么动作来表示呢?请你先和好朋友说一说。(生讨论)

预设:爸爸的爱像大海一样无边无际;爸爸的爱像山一样巍峨;爸爸的爱像大树一样为我遮风挡雨;妈妈的爱像阳光一样,温暖着我;奶奶的爱像天空中的星星数不胜数;妈妈的爱像月亮,照耀着我。

讨论:我们还可以做哪些事情表达对父母的爱呢?

预设:给父母一个拥抱;给父母一句祝福;用最认真努力的学习态度,回报父母;平时帮父母多做点儿家务活儿;多和父母沟通、交流。

3. 师小结:同学们,在亲人有限的生命里,我们应该活在当下,珍惜当下,关心长辈,感恩长辈。衰老是自然生命体无法避免的过程,我们到了一定的年龄,就会长出满头银发,就会满脸皱纹,就会行动迟缓,这些都是人体衰老的外在表现。所以同学们,在长辈生命逐渐衰弱的时期,我们应该予以他们足够的关心,长辈讲话时我们应认真听,并能听从长辈的合理要求;和父母意见不一致时,能温和地进行沟通、协商;能体会长辈为养育我们所付出的辛劳,产生感激之情;长辈劳累或不适时,能向长辈表达爱的语言和行动。

4. 说一说对老师、同伴的爱。

在生活中除了爸爸妈妈爱我们,老师和小伙伴也很爱我们,那我们也来表示一下对老师和小伙伴的爱,我们可以大声地说出来,那除了大声地说,我们还可以用什么动作来表示自己很爱老师和小伙伴呢?(笑眯眯、抱一抱、亲一亲、顶一顶、握握手、拥抱、亲吻、赠送礼物、送鲜花……可以一起做一遍。)

【教学反思】

选择绘本《猜猜我有多爱你》,不仅仅因为被故事中两只兔子朴素而真诚的话语所感动,更多的是他们用形象的动作、通俗的语言诠释和表达了相互之间的爱,以及蕴含的爱意震撼人心。我更希望在阅读和表达绘本的过程中,能让学生学会表达爱,让孩子发现自己所爱的身边的人,思考用怎样的行动爱他们,将无形的亲情变成有形的。

于是课前我精心准备,搜集绘本课件,反复进行试讲,力求使语言贴近孩子们,提问到位,为孩子们创造一个想说、敢说、喜欢说、有机会说并能积极应答的语言环境,在和谐的气氛中完成教学。同时,我让孩子们体验爱别人和被别人爱的快乐情感,知道爱有时要勇敢地说出来,学着表达爱、回报爱。

教学过程中,我采用了看课件讲故事和分段赏析的教学方法。开课伊始,我首先激发孩子们的兴趣,让孩子们学会关注绘本中的主人公。然后渗透阅读绘本的方法:让学生观察绘本的封面,结合封面上的图片和文字大胆想象所发生的故事,在猜测中启迪学生打开思维、发挥想象力。

接下来进行观察比较。我通过课件呈现故事内容,让孩子们观察小兔子和兔妈妈的动作。我便借此训练学生通过对故事中的主要人物和情节提问,使孩子们了解故事中小兔子对妈妈的爱、妈妈对小兔子的爱。师生一起讨论:小兔张开小手,张到无法再张开说:"我爱你有这么多。"妈妈也张开手,张到无法再张开说:"我爱你有这么多。"用故事中的一个个情节进行讨论,通过动作、语言的介绍,学生可以感悟大兔子和小兔子是如何表达爱的。

最后拓展知识,力求让情感教育升华,我便以启发性的语言引导孩子们思考,当进行到"谈谈小兔子和大兔子到底谁爱谁更多一点?"这一话题时,学生都有理有据地说出了自己的观点。我以树、大海、山、星星、月亮等鼓励孩子们选择图片当中的一幅来表达对家人的爱。如爸爸的爱像深沉的山,妈妈的爱好似月亮……用语言大胆地表达对妈妈的爱、对朋友的爱、家人的爱。让学生知道我们被很多种爱包围着,享受着这些爱,同时也爱着别人,这种爱是无限的,是不容易衡量的。只要我们用心去体会、去珍惜,试着用自己的方式表达自己的爱,我们的生活便会更幸福,更富有情趣了。

当然本节课也存在不足之处。我在引导时给孩子们用心观看绘本的时间短了些,如果能多次让他们边看边说,那么我相信他们会更加乐在其中。最后的环节预留的时间短了些,如果让孩子更加充分地思考和表达自己的感受,那么,他们的情感体验会更加丰富。我会在以后的教学中改进,在课堂上学会真正放手,让孩子们成为课堂的主人。

课后,我一直在想,我们在小的时候,总是理所当然地享受着父母的爱,还可以非常理直气壮地以为自己对父母的爱有好多。"猜猜我有多爱你?"当看到小兔子拼命往两边张开双臂说"我爱你有这么多"时,我不禁哑然失笑:爱,还可以这样来衡量吗?而书中的那只大兔子清楚知道双方爱的差距,却只是宠溺地陪着小兔子进行着睡前游戏。因为她知道,终有一天,她的小兔子也会拥有和她相同的理解和感情,拥有和她一样足够从月亮上绕回来的爱,会同样迅速流畅、顺理成章地回答一个又一个小兔子的突发奇想。当小兔子长成了大兔子后,他的爱就又超过了小兔子。这就是生命与爱的传承,是件神奇又易懂的事。养儿方知父母恩,只有自己成了付出的那方,才会惊觉,哦,原来不论自己有多以为爱着父母,父母的无所不在的爱,远远大于我们所能给予的。爱,是门学问,它需要我们用一生来学习,用一生来传授,用一生来表达。

作为一本图画书,小孩子可能不会有跟大人相同的理解和感情,他们只会对这两只兔子的故事有兴趣,他们会记住兔子们的爱的表达,记住小兔子的挖空心思、大兔子的深情灵感,小兔子的天真可爱、大兔子的温馨诗意,记住那些比方、那些联想,那句句巧妙、睿智的话和里面的温暖。在这本书里画家没有使用浓墨重彩,而是特意挑选了三种近乎苔藓色调的原色:土色、淡橄榄绿色和暗蓝色。土色用来画兔子、大树和栅栏,淡橄榄绿色用来画草和树叶,暗蓝色用来画天。因为这是一个爱意绵长的故事,淡粉的色彩恰到好处地冲淡了故事的甜腻。那一大一小两只兔子,也是画得相当拙朴,并没有精巧的外形和鲜艳的色彩,少许土色加上一个钢笔墨线勾画出的轮廓,就是他们的全部了。但是这种神似却画活了母子情深的两只兔子,非常富于表现力,使我们能更深地走进两只兔子的内心世界。这堂绘本课结束了,但是我们该如何将生命的教育告诉孩子们呢?我们该如何帮助风华正茂的少年去理解生命的衰弱呢?对于这样冷僻而抽象的话题,绘本应该能帮助孩子们形成自己的理解和认识,引导他们认识到,生活有美好而鲜活的一面,也有灰暗而不堪的一面,我们都要予以接受,并予以理解和尊重。那么在亲人有限的生命里,我们是否应该活在当下、珍惜当下,去关心长辈、感恩长辈呢?对于感恩的教育,我想一直继续下去,渗透在每时每刻。正如我对一年级的孩子们所说,一个人要学会感恩、懂得感恩!

写到这里,我不禁想到前不久发生在我们班小雪同学身上的一件事。有一天,我突然收到小雪爸爸的微信,微信提到小雪因为和母亲发生口角而离家出走,父母担心地找了她一晚上。事后,父亲罚她站在门外反省。我得知此事后,马上给孩子父亲打了一个电话,了解了事情的原委:原来平时母亲不怎么管小雪,但这次小雪因为抢了别人的玩具,母亲批评了她几句,导致这次矛盾。我跟小雪父亲说,其实是他们之间的亲子沟通出现了问题,也是他们平时太忽略感恩教育,而导致亲子关系的破裂。父亲连连表示赞同,请求我的帮助。因此,我立即找小雪谈话,并和孩子再次阅读了《猜猜我有多爱你》这本绘本。读完以后,我让她写了一封道歉信给父母,也让父亲写了一封信给小雪,以此弥补他们之间缺失的亲子沟通。我也在班会课上借小雪这件事情再一次对同学们进行了感恩教育。让孩子们知道,衰弱和年华老去是自然生命体无法避免的过程,我们到了一定的年龄,就会长出满头银发,就会满脸皱纹,就会行动迟缓,这些都是人体衰老的外在表现。《猜猜我有多爱你》通过表达爱,让孩子们知道,在长辈们的生命逐渐衰弱的时期,我们应该予以长辈们足够的关心与关注,长辈讲话时能认真听,并能听从长辈的合理要求;和父母意见不一致时,能温和地进行沟通、协商;能体会长辈为养育自己所付出的辛劳,产生感激之情;长辈劳累或不适时,能向长辈表达爱的语言和行动。

后来,听我们班的一个学生家长告诉我,小家伙自从上了这堂绘本课之后,就爱上了这个睡前游戏并乐此不疲,他总是要兴致勃勃地把书中小兔子的动作都演示一遍,还临场发挥自创了许多比方,比如我爱你,有我丢的小皮球蹦得那么远;我爱你,有我拉线的小飞机飞得那么高;我爱你,有我发动的陀螺转得那么快……她说感谢这本书,让他们母子见识到了爱的千姿百态和无限可能,让他们的睡前时光定格在甜蜜温馨、满足幸福以及一切美好的词语里!如果这睡前的柔软时光能成为儿子走向成熟、面对挫折、接受考验、战胜挑战的力量源泉,其愿足矣!

百善德为本,敬老孝当先。孝是做人的基本道德,谁言寸草心,报得三春晖。长辈几十年如一日,无怨无悔地为孩子付出而不求回报,我们应该教育孩子感恩,感谢那些从不缺席的关心和行动,以及永远都没有停歇的爱。

第五章　直面生命的流失

孔子曰：未知生，焉知死。《论语》说，子不语怪力乱神。

在中国的传统文化中，受重生忌死的观念影响，对生命的逝去一贯采取讳莫如深的态度。本节开头我们引述孔子的话，其实已经强调了类似的意思。在儒家的思想体系里，往往带有人本思想，如《论语·先进》中记载有："季路问事鬼神。子曰：'未能事人，焉能事鬼？'曰：'敢问死。'曰：'未知生，焉知死？'"大意是尚未知生，何能知死，欲知死后的状况，应当先知生前的状况。古人认为，既然尚未知晓生命的真谛，又如何能思考死亡的问题。与其执着于死后的情景，不如先关注当下的状况；既然生活的事尚未处理好，不必考虑鬼（与死亡相关）事，也不必去研究死亡的问题。

这种思想，对今天的国人已经影响深远，史铁生也曾经提到："一个人，出生了，这就不再是一个可以辩论的问题……所以死亡是一件不必急于求成的事，是一个必然会降临的节日。"这，大概也就是德国哲学家海德格尔所说的"向死而生"之意吧！

凡此种种，无不提示我们，在中国的文化氛围中，跟孩子谈死亡，谈生命的终点，谈生命的逝去，是一个非常艰难的话题。生与死这两件大事，后者往往更难以让人直面。

在西方社会中，我们可以寻找到《相约星期二》那样直面生命逝去的著作，坦然讨论死亡的议题，从中感悟到许多——

"如果早知道面对死亡可以这样平静，一定能应付人生最困难的阶段了。"

"什么是生活中最困难的事情？——与生活讲和。"

"最重要的是学会如何施爱于人，并去接受爱。爱是唯一的理性行为。"

"要么相爱，要么死亡。"

"许多人过着无意义的生活。当他们忙于一些自认为重要的事情时，则显得昏昏庸庸，因为他们在追求一种错误的东西。你要使生活有意义，就得献身于爱，献身于你周围的群体，去创造一种能给你目标和意义的价值观。"

以"死亡"为题，不经意读到这些，你可能会觉得心境从此豁然开朗。如此，你可能更易找到一条坦然心安的道路。或许当下步履艰难，颇多曲折，但未来的道路必将光明开阔，也许不久就能找到一份有温度、有情感，能传递爱的事业。在书中，主人公莫里逐渐被死亡吞噬，生命式微之际，他却倔强地跟病魔抗争到最后一刻，献出了以生命为题的毕业论文——一部充满力量、启迪与智慧的作品。

若沿着莫里的生命足迹前行，我们自然而然地会想到，有没有一部作品，能用通俗易懂的语言，将生命的死亡和流逝的过程讲给孩子们听，让那些幼小的心灵能够明白，"死"亦是我们生活的一部分呢？同理，逝去、离别、哀伤同样是我们生活的重要组成部分，我们又该如何学会面对它、接受它，与之和谐相处呢？

对于广大教师和家长而言，死亡并不是一个陌生的话题，作为成年人，我们都知晓死亡教育及有关概念普及的重要性，然而现实往往让人感到无奈，不知道该从何处着手。人生只有一次机会，永远不可能从头再来。生命来源于自然，人是大自然进化的产物，就如同日起日落、四季交替一样。生命是有限的，没有人能长生不老，永葆青春，正如任何事物都会经历萌芽、发展和衰亡的自然过程，当然生命也是如此，这是不可抗拒的自然法则。如何帮助孩子们理解生命的流逝是正常的自然规律，死亡是每一个生命体的最终归宿呢？我们尝试借助绘本来帮助孩子们坦诚面对这一无法回避的话题。

在这一单元中，我们精选了以下绘本作为实践素材：《活了100万次的猫》《爷爷变成了幽灵》《再见了，艾玛奶奶》《獾的礼物》《一片叶子落下来》。《再见了，艾玛奶奶》一书中，艾玛奶奶在得知自己身患重症后，在自己生命最后的时间里，她不仅坦然而平静地接受了现实，还用自己勇敢的行动告诉她的孩子们，人生不过如此，没有什么大事，死亡也不过是自然规律，没有什么可怕的。该绘本的图画也颇有深意，艾玛奶奶在生命的最后时光里，通过黑白照片的展示让孩子们了解死亡是什么样的，那些早早离开的人又去了哪里。作者用平实的文字和温馨的图画，不回避、不欺瞒，与读者讨论死亡这一议题，帮助孩子们构建正确的生死观，从容淡定地面对和接受现实生活中的生死现象，从而更懂得珍惜生命、爱护生命。

又如《活了100万次的猫》，这一绘本为我们讲述了一个生死轮转、不断体验的简单却内涵深远的故事。一只虎斑猫，他拥有无穷无尽的生命。他死了许多次,又活了许多次,他经历了那么多不同的生活场景,却从未喜欢过自己的生活,也从未真切地爱过身边的人。因为他永远作为别人的宠物存在,而不是为自己而活,所以无论是国王、魔术师、水手、小偷等怎么爱他,为他死去而伤心,他都毫无感伤,甚至连一滴眼泪也没有掉过。因为他不喜欢自己的生活,那些曾经的主人们也并不是真正爱他,他始终只是主人生活里的过客、流星。作为宠物,他既炙手可热,又是转瞬即逝的存在。他庸庸碌碌地活着,从来感受不到幸福与快乐。直到某日,他重新作为一只独立的猫而活着,他不再隶属于任何人,不再是任何人养的猫,他这才真正喜欢上自己的生活,放下傲慢并爱上了一只高贵的白猫。

其实,这个绘本讲述的故事,极为简洁,作者通过虎斑猫的生死观告诉孩子们:生死无惧。其实活着或死亡都只是一个必然的、自然的过程。我们要珍惜生活,珍惜当下,要像绘本中的虎斑猫一样,选择为自己而活着,用心去为爱而活着,真正活过,哪怕只有一次,这样的生命才是最有意义的。

儿童绘本故事中所用的语言和思维不同于成人世界。绘本故事中的儿童化语言温暖委婉,让小读者直面死亡的话题,让孩子们在阅读中了解分离、死亡,以及教会他们妥善处理分离、死亡等带来的负面情绪。我们谈论死亡这个话题的意义并不在于讨论死亡这件事本身,而是为了启发孩子思考生命的意义和生命的价值。

另一经典绘本《獾的礼物》,被誉为"生命流逝教育最佳读本"。该书以童话般的场景、温和的语言,向孩子们娓娓道来生命流逝的过程:

故事的主人公是一只很老很老的獾。这只垂垂老矣的獾呀,拄着拐杖、戴着眼镜,围着绿色的围巾,坐在树墩上。书中对他如此这般描述:"獾是一个让人可以依靠和信赖的朋友,总是乐于帮助大家。他已经很老了,老到几乎无所不知,老到知道自己快要死了。"但是他并不害怕,他很坦然地直面生命的流逝。"獾并不怕死。死,仅仅是意味着他离开了他的身体,獾不在乎。因为随着岁月的流逝,他的身体早就不听使唤了。"在獾心里,则认为死亡是生命正常内容的一部分。他之所以不害怕死亡,是因为他已经对死亡有了正确的认知和深刻的理解。在獾看来,生命的流逝并不可怕,因为心和灵魂是永生的,死亡只是灵魂离开了身体而已。因此,虽然知道老之将至,獾却不惧死亡。但是,他却放心不下自己的老朋友们。于是,为了提前让朋友们做好心理准备。獾告诉他们:"不久的某一天,自己会去地下面,长长的隧道里去。"

这个诗意的描写,是獾对死亡的一个比喻,是想让朋友知道他只是去了另外一个地方。看到这里,小朋友们可以了解到,獾是一个非常了不起的家伙——对朋友充满体谅与温情,睿智、仁慈、善良、富有同理心……

当看着自己的好朋友——鼹鼠和青蛙——比赛着冲下山坡,用速度来体验生命力的时候,獾突然觉得自己特别老、特别疲倦。但是,獾没有在好朋友面前表露自身的衰弱感,他丝毫不需要朋友们的同情。由于能分享朋友们的快乐,他因而感觉到特别愉悦。

然后,他要以平静、优雅的方式与这个世界告别。

"獾很晚才回到家,他向月亮道了声晚安,然后就拉上窗帘……"

"獾坐在书桌前面写信……"那是写给朋友们的信。翻过两页,我们就可以读到信的内容:"我去下面的长隧道了,再见。獾"

哦,原来那是它写给朋友们的告别信。

"写完信,獾在火炉边的摇椅上坐了下来。獾轻轻地来回摇晃着,很快就熟睡过去了,他做了一个奇怪却很美的梦,一点都不像他从前做过的梦。"

与此相配的右页,是炉火照耀下温暖的家庭场面。在绘本中,死亡通常被描绘成安详、温暖、平静的,就如同做了一场梦。难道不是这样吗?我们不是也常常说人生如梦吗?

獾的离开是静谧而美好的,是早有预期的,是能坦然接受的,是一个"必然要降临的日子"。我们以这样温情的路径来诠释生命的逝去,让孩子们认识到,死亡并不可怕,死亡只是一个自然而然的进化过程。以此教会孩子直面生命的流逝,抚慰孩子们稚嫩的心灵,建构孩子们健康积极的心理防线,使之直面流逝,理解流逝的必然性和规律性,不会因为毫无预兆地面对亲人的离世而感到错愕、惊慌。

对于孩子们而言,说再见似乎是人生中最稀松平常的事情。他们在每天的日常生活中经常会和家长、老师、同学说再见。但是,对于长久的分离,对于永远的分别,却是一件需要去学习的事情:该怎样和生活中的一些人、一些事永远说再见。在我们身边,有很多人在离别突然而至时,往往感到猝不及防,不知该如何面对,不知该如何体面地和他人告别。不能与爱的人好好地说再见,是一件足以抱憾终身的事儿。

绘本故事里獾的"示范",给我们上了生动的一课,让孩子们学到告别的智慧和勇气。更重要的是,獾的"离去"并不代表着朋友们对他的遗忘。恰恰相反,獾的朋友们在做许多事儿的过程中,都会情不自禁地回忆起他、缅怀他、回味他。

生命的流逝并不代表泯灭。有些人虽然走了,但他们又永远地活在我们心中。正如泰戈尔所言:"失败可以导致胜利,死亡可以导致永生。"这就是生命的意义与价值。

《活了100万次的猫》教学设计

上海市三灶学校　富士英

【教学目标】

1. 培养学生养成聆听、议论的阅读习惯。
2. 能够充分发挥想象力,根据故事的结局进行仿写。
3. 感悟本课文中蕴含的深刻的人生哲理。

【教学过程】

一、看图设疑,提升兴趣

师:今天,老师给大家带来一本书,这是一本图文并茂的书,我们把它叫作绘本。

(板书:绘本)

师:看,这是书的封面,谁来说说,你看到了什么?

生1:图案。

生2:书名、作者、译者。

师:读一读课题,你能提出哪些问题?

学生自由提问。(猫为什么会活100万次?猫每一次活得怎么样?活了这么多次,猫有什么感受?……)

师简单介绍作者佐野洋子。(佐野洋子是一位出生在中国北京的日本作家,这本书是她在64岁的时候写的。)

二、走进故事,初步感知

师指定学生朗读课文。

1. 故事的主人公是谁?(虎斑猫)
2. 引导学生感受,虎斑猫的生活是怎么样的?
3. 思考虎斑猫为什么会讨厌自己的生活,为什么也讨厌自己的主人们?(因为主人根本不会在乎虎斑猫的感受,他的每一次死亡也与每一位主人有关,主人并不是真正地爱他。)
4. 再次朗读相关段落,深度体会虎斑猫的思想感情。
5. 初步思考死亡。在我们的印象中,死亡代表的是悲伤、痛苦,而在文中对于虎斑猫死亡的描写,我们丝毫没有发现这样的情绪。为什么会产生这样的冲突,为什么对于虎斑猫来说死亡似乎并不是一件值得悲伤的事情呢?

6. 细细感知虎斑猫的"禁锢"生活,虽尊贵,却少了点什么,导致他不爱自己的生活,也不爱自己的主人,以至于他也不在乎死亡了。

7. 深入思考,虎斑猫的生活缺失的到底是什么,学生自由发言,提炼关键词。(死亡、生活、自由、哭泣、爱、生命的价值……)

8. 在这些关键词的基础上,我们能够提出哪些哲学问题?学生自由发言。(怎样的生命才是有意义的?死亡值得哭泣吗?什么是真正的爱?什么是真正的自由?……)

9. 投票选出大家最想探讨的一个问题。(选定题目:怎样的生命才是有意义的?)

10. 学生说说自己对于生命意义的定义。(快乐、自由……)

11. 回顾思考虎斑猫的那些生活片段,我们发现他没有快乐和自由。

12. 学生自由发言思考,虎斑猫的这些生活是否有意义。

三、故事转折,感受内涵

1. 展示插图,学生说说自己观察到的信息。(虎斑猫这次变成了一只野猫,他身上比较脏,身下还有个垃圾桶。)

2. 齐读接下去的故事,分享问题。(做一只野猫真的更好吗?为什么虎斑猫对其他母猫那么高傲,对白猫却不同呢?如果虎斑猫这一次又死了,他自己会难过吗?……)

3. 解答问题一:"为什么虎斑猫更爱做一只野猫呢?"(因为野猫很自由,没有主人约束自己。)

4. 解答问题二:"虎斑猫为什么对白猫如此不同呢?"(因为白猫很独特,不巴结他,不像其他的母猫,一味虚伪地恭维他,所以虎斑猫觉得白猫与众不同。)

5. 白猫开始时对虎斑猫很冷淡,直到虎斑猫问了句"我可以待在你身边吗",为什么这一次白猫不说"噢"了?(因为白猫知道这句是虎斑猫的真心话,白猫能够读懂他、理解他。)

6. 说说后来发生的故事。(虎斑猫和白猫的幸福生活。)

7. 请学生猜一猜,虎斑猫还会舍得放弃自己这次的生命吗?(舍不得。因为虎斑猫的生活有了自由和快乐;也有了懂自己的伴侣,他爱现在的生活。)

8. 解答问题三:"如果虎斑猫这一次又死了,他自己会难过吗?"(会。如果他再一次面对死亡时,他一定会难过、会流泪,白猫也一定会为他流泪。他们的眼泪才是真情的眼泪。)

四、回顾故事,深思哲理

1. 读完全文,思考生命的意义究竟是什么?是否只要有了自由,生命就是完整的呢?(不够。正如故事中成为野猫后的虎斑猫,虽然有了自由,但如果遇不到懂他的白猫,他也一样不会快乐。)

2. 学生自由分享观点。

① 生命中需要有真心的朋友伴侣,互相理解、互相陪伴、互相鼓励,才能让自己的生命更加精彩。

② 若有幸能够遇到生命中的挚友,要尊重对方的喜好和想法,同时不忘自己的初衷和本心。

③ 不虚度光阴,不浑浑噩噩,珍惜自己生命中的每一分、每一秒,好好把握自己宝贵的生命。

④ 每个人的生命只有一次,一去不复返,因此要珍爱生命。

3. 试着理解臧克家先生的"有的人活着,他已经死了;有的人死了,他还活着"这句话的含义。(有的人或者也是行尸走肉,没有自己的思想和灵魂,没有付出没有贡献,就算活着也没有任何价值,其实他的生命价值就已经结束了。而有的人,哪怕他的生命已经结束了,但他的形象和精神会永远刻在后人的脑子里,他所做出的杰出贡献也给予了后人无限的恩惠,大家会永远铭记他、感恩他。)

4. 学生列举"有的人死了,他还活着"的实例。

① 为祖国献身的伟人:周恩来、李大钊、陈延年、赵一曼……

② 为国际主义精神献身的伟人:白求恩、马克思、列宁……

5. 教师小结,寄语大家能够活成臧克家先生口中的后者,而不是前者。

五、认识作者,课外延伸

1. 看照片认识作者。(照片中的佐野洋子,在北京与读者举行了一次见面会。她笑容灿烂,气质典雅,正微笑着回答读者们的问题,谁能想到,这是一位69岁已经到了癌症晚期的病人呢?)

2. 介绍作者的丈夫。(看照片,这是佐野洋子心爱的丈夫,日本大名鼎鼎的诗人谷川俊太郎,就是为家喻户晓的动画片《铁臂阿童木》写过主题曲的词作者。

为了纪念妻子,他写了这首短诗。)

3. 学生齐读谷川俊太郎的短诗,体会诗中蕴藏的深情。

4. 寄语:好好珍惜每一个爱你的和你爱的人。

六、板书设计

活了100万次的猫

(绘本)

(没)有自由

(没)有真情　　　为(别人)自己而活

(没)有爱

【教学反思】

爱,只有一次!

　　昨天在四楼录播室里翻找孩子们拍摄所需服装,无意中看到了这本《活了100万次的猫》,一时间,感慨万千。这小小的绘本带给我太多太多鲜活的回忆,太多太多美好的情愫瞬间涌上心头。

　　故事的情节本身并不复杂,讲述了一只漂亮又骄傲的虎斑猫,死了100万次,又活了100万次。有100万个人在他死了的时候哭了,可是他却一次也没有哭过,直到他遇见了一只美丽的白猫,他们生了好多只可爱的小猫。他喜欢白猫和小猫们胜过喜欢自己。小猫们长大了就离开了自己的父母,他多想和白猫永远地一起活下去呀!后来,白猫死了,虎斑猫头一次哭了,哭啊哭啊,最后一动不动地躺在了白猫的身边,他再也没有活过来。虎斑猫头一次成了自己的猫,他太喜欢自己了,终于变成自己喜欢的猫了。

　　大概是很多年前了吧,那时候绘本故事书刚开始流行,当然我还很年轻,是一个浑身冒着傻气的小老师,那时候我的雅琴师父还没当校长,我天天都去她办公室,名义上是看望师父,实则是各种形式的"骚扰"(你懂的)。师父的抽屉里总有吃不完的点心和零食,还有各种口味的咖啡和各种品牌的巧克力。除了咖啡,其他她自己不吃,统统留给我大快朵颐。那时候同办公室的老师们经常笑着对她说:"你看你把徒弟养成啥样了?不能再吃了,再喂下去就胖得不像样子了!"而我这位纤弱的师父总是笑眯眯地说:"吃吧吃吧,她早晚会成为重量级的人物的。"(行文至此,突然发现师父原来还是一位伟大的先知,我的体重与年岁的增长成正比状态啊!)

那时候我教五年级,要上一堂公开展示课,师父说教科书里的课文没啥新意(你要知道,她可是教材编委啊,如此才有胆气讲这话),咱们就选这个故事吧!于是,我天天缠着师父磨课备课,不到天黑绝不放她回家。如此软磨硬泡,等到她抽屉里的糖果见底的时候,终于我的课也粉墨登场了。那天上课太煽情太投入,以至于上课的五(3)班的孩子们泪流满面,伤心不已。而我自己呢?(诸位看官想必也早就猜到了吧?)当然也好不到哪里去啦!那是第一次也是截至目前唯一的一次在课堂上落泪(Too young too simple! 那场景是相当的丢人啊!)下课后,有位听课的年轻女老师(后来我才知道她姓王,重点是性别!其他细节请直接屏蔽!)冲进录播室,给我一个大大的熊抱(幸好当年还有一点点小腰身,不然瘦弱的王老师环抱不了就相当尴尬了),她还在我耳边说了一句:"你是一个好老师!"(姓王的老师都是先知吗?我师父也姓王啊!后来这位情商超高的王老师莫名其妙成了我的老铁闺蜜。一直忘了问她,判断一个好老师的标准是什么?有小腰身?)雅琴师父则偷偷塞给我两颗"费列罗",用她那一贯柔声细气的语调说:"吃吧吃吧,上得蛮好的,一会评完课去我办公室再多吃点!"

师父不知道的是,四年后,当年上课的学生中有个小丫头考上了市重点高中,每年教师节她都会给我寄盒"费列罗",还在小卡上写下一大段文字调侃我:"别以为我不知道你爱吃巧克力,那天下课后我看到你师父偷偷塞给你了,你乐得像一朵花。那时你还好年轻,其他老师都叫你'宝宝',你哪里像个老师呀,你就像个孩子。现在的你应该有一点点小皱纹了吧,记得要天天搽眼霜哦!亲爱的富老师,我永远记得那天的故事,让我有勇气直面死亡这个话题。谢谢你!我永远爱你!"

有个才貌双全的小姑娘以中考605分的总分考进市重点,在我印象中,这位小姐姐虽然脑子好使,但对于学习这件事,她貌似一点儿都不放在心上啊!她回校来看望我时也不忘调侃一番。(发现没?调侃老师是我学生的共同特长啊!师门不幸啊!说好的尊师重道呢?)她一本正经地告诉我:"我是你的亲学生,名师出高徒,晓得哇?我很诚实的耶,老实跟你说哦,你教了我五年语文,我印象深刻的没几节,(好吧,我必须深刻检讨!面壁反思哪节课不是好好备课的,误人子弟罪大恶极!)但那天你上的那只猫的课,你还记得哇?我一辈子都不会忘记的,那天我才知道了人应该怎么去爱,应该去爱怎样的人,当然是灵魂契合的那个唯一啦!"(这是安慰我的点睛之笔?还是运用了欲扬先抑的手法?)

还有一个胖嘟嘟的小男生,他考上区重点高中后回校向我报喜,情不自禁地说道:"老师,你知道吗?我太爱听那只虎斑猫的故事了。我觉得一个人不应该在意生命的长度,而应该关注生命的宽度。活着的时候好好珍惜拥有的一切,死的时候就会变得很坦然。"(我的天呐!这是我的亲学生吗?妥妥的哲学家啊!好吧,弱弱地承认一下,这是小学语文老师培养的哲学家,不容易啊!)

若干年后,遇《文汇报》的张大记者采访时,谈到死亡这个话题,当然也聊到了那只猫,她也很喜欢这个故事,后来还写了篇稿子专门介绍我们学校的绘本课。(当然,这些都是后话了,但是儿童哲学绘本课,我们一直在坚持!)

十多年后,当我翻看毛姆的《月亮与六便士》时,读到这样的句子:"The great tragedy of life is not the men perish, but that they cease to love."

深以为然!

《獾的礼物》教学设计

上海市浦东新区荡湾小学　朱秀丽

【教学目标】

1. 培养学生的阅读与感知能力，理解礼物的意义和价值。

2. 培养学生的阅读习惯、聆听能力和表达能力。

3. 理解接受死亡的存在与意义，感悟生命的价值，明白爱的礼物可以传递，学会用行动去表达爱。

【教学过程】

一、读封面

1. 仔细看看《獾的礼物》的封面，在封面上你看到了什么？

封面上有好多小动物，其中有一只獾。观察并说一说这只獾的外形特点，引出这只獾的年纪很大了。

2. 这是一本图画书，他会告诉我们很多东西。封面上有作者、有译者，还有一幅美丽的图画，告诉我们，秋天到了，小动物们排着长长的队伍走到獾的前面。

3.《獾的故事》到底讲的是什么故事呢？图中的小动物们又都在干什么呢？我们一起去看看吧。

二、跟着画面一起读故事

品读第1—2段落：

1. 獾已经很老了，他怕死吗？他到底怕什么？（他怕自己离去后，朋友们会伤心，他很顾及朋友们的感受。）

2. "不久的某一天，他会去下面的长隧道"这句话是什么含义？獾为什么要这么说？（含义是獾马上就要死了。而他没有很直接地告诉朋友们自己就快要死了，用了很委婉的措辞，为的是不让朋友听了觉得伤感。）

3. 从这里就可以看出，獾很善解人意。

品读第3段落：

1. 读到这里，你能感受到什么？（獾很喜欢与朋友分享快乐，也能够知道獾的身体已经开始支撑不住了。）

2. 一起看看獾接下去会做些什么。

品读第 4—6 段落：

1. 獾写完信睡着了，这是真的"睡着"吗？（其实是獾去世了，梦境是他最后的意识。）

2. 獾在梦境中走着那条长长的隧道，为什么他不恐惧呢？（他热爱自己的生命，他的生命没有什么遗憾，所以他没有恐惧，他很坦然。）

3. 猜一猜隧道的尽头会是什么？（獾最终摆脱了年迈的身体的束缚，他的灵魂永远是年轻的、自由的。）

4. 这个故事把獾的死亡过程描绘得很美，也正如獾自己所希望的那样，他不想让大家伤心。

品读第 7—12 段落：

1. 獾真的死了，我们一起再读读这几段，你能感受到朋友们的悲伤吗？

2. 学生分段朗读。

品读第 13—18 段落：

1. 仔细品读，獾在世时都分别教会了大家什么？（教鼹鼠剪纸，能剪出一长串手拉手的纸鼹鼠；教青蛙滑冰，青蛙成了滑冰高手；教狐狸系领带，狐狸学会了各式各样的领结；教兔子太太烤姜饼。）

2. 獾去世了，大家为什么还是会这么伤心？最伤心的是谁？你是如何看出来的。（因为獾在冬天去世，冬天是寒冷的季节，所以这个悲伤的消息会让朋友们的心更加冰凉，也因为獾生前教会了大家很多东西，是个善良真诚、乐于助人的好伙伴，所以他的离去令朋友们非常不舍。其中最悲伤的是鼹鼠，绘本里出现了很多幅鼹鼠难过的图片。）

3. 你希望自己身边有像獾这样的朋友吗？你愿意自己也成为像獾这样的人吗？

品读第 19—22 段落：

冬天过去，温暖的春天融化了积雪，也融化了动物们内心的悲伤。相信獾的真诚与爱，会永远留在大家的心中，温暖每个人的心房。

三、讨论交流

（一）交流图画。

故事讲完了，我想獾已走进了大家的心里。那大家刚才在看书的过程中，哪一幅画面留给你印象最深呢，能跟大家说说吗？

（二）交流文字

1. 这是一只怎样的獾？

幻灯片重播经典画面。

品读一：獾并不怕死。死，仅仅意味着他离开了他的身体，獾不在乎。因为随着岁月的流逝，他的身体早就不听使唤了。他只是担心他离去之后朋友们的感受。为了让他们有心理准备，獾告诉过他们，不久的某一天，他会去下面的长隧道，当这一天来到时，希望他们不要太悲伤。

品读二：獾总是在别人需要他的时候出现。现在他不在了，动物们都不知道该怎么办了。獾说过希望他们别难过，但这真的很难。

2. 你喜欢故事中的獾吗？你们觉得獾一辈子都在做什么事？（板书：帮助别人）

3. 獾的礼物是什么？

（但等到积雪融化的时候，动物们的悲伤也慢慢融化了。每当提到獾的名字，说起獾的又一个故事，大家都露出了微笑。为什么呢？）

因为所有的动物对獾都有一段特殊的回忆——他教过他们的一些事情，他们现在做得好极了。獾给每个朋友都留下了离别的礼物，他们可以永远珍藏下去。獾赠予的这些礼物是永恒的，有了这些礼物，他们就能够互相帮助。

4. 如果有一天，你也预感到自己将走进那条长长的隧道，在那之前，你会做些什么？你会害怕吗？

生1：我不希望我的亲人和朋友难过，我希望他们能平静地接受我的离开。

生2：每个人都会死亡，我也不例外。希望我留给他们的回忆是快乐的、美好的，而不是终日沉浸在悲痛的回忆之中。

生3：我会抓紧剩下的时间，努力去完成自己想做但未完成的事情，不给自己留下遗憾。

四、拓展延伸

1. 充满智慧的獾走了，但动物们永远不会忘记他，因为他教会了动物们许多事，他只是去那条长长的长隧道了。

2. 如果是你，你还会留下哪些珍贵的礼物呢？

生1：我会把我最喜欢的书籍和电影留给我的朋友，哪怕我不在了，他们也能够分享我的爱好与快乐。

生2：我会把我的宠物交给我的朋友照顾，让他们可以知道，即便我不在了，还有我的小宠物陪着他们。

生3：我会提前分别录一段话给我的朋友，告诉他们我的心里话，感谢他们愿意成为我的好朋友，我非常荣幸。给他们最好的祝福，希望他们以后能遇上比我更好的朋友。

生4：我与獾不同，我不想在最后的时间里独处，我会把好朋友们聚集在一起，在最后有限的时光之中，我想和我最亲近的人一起度过，不让自己的人生留下遗憾。

……

3. 说一说，在生活中，你收到过什么爱的礼物呢？

家人对我们的悉心照顾、老师对我们的教导、陌生人对我们的微笑和帮助、国家和社会对我们的保护……我们的生活中充满了爱的礼物，我们要善于去发现，也要用行动去积极地回馈和感恩。

4. 说说看，你对死亡有了什么新的认识吗？

只要有生存，就会有死亡。死亡并不罕见，而是一种长久的离别，我们要冷静、理性地看待死亡。很多的人死去，但他的亲人和朋友依旧会怀念他，他的一切美好都会存活在别人的记忆之中，这何尝又不是另一种生命的延续呢？初知死亡，恐惧是第一反应，因为我们对死亡无知，无知产生恐惧。在这个故事里，我们体会感知了獾对于人生的态度，对于死亡的态度。他预感自己老迈即将离去，他平静地与每位朋友作真诚地道别，坦然面对自己的死亡，他送出了对朋友来说非常珍贵的东西，留给朋友们一段段美好的回忆。

5. 在我们的人生中，我们也会不断地经历离别。好好对待每一次的离别，是每个人的人生中，非常重要的一节必修课，而我们没有特定的老师，只能靠自己的每一次体验，感悟出新的东西。离别的确是伤感的，但等待着我们的，又何尝不是一种新的相遇呢？好好珍惜身边的人和物，就算有一天他们会离去，只要你问心无愧，他们一定也为你留下了宝藏……

【教学反思】

人们总是避讳"死亡"这个话题，尤其是跟孩子们。

其实，死亡离我们并不遥远。在这个世界上，每天都有生命在诞生，也每时每刻都有生命在消亡。生老病死乃是世间常态，根本不需要躲避，也根本躲避不开。我希望能够通过《獾的礼物》这堂课，带孩子们一起认识一个生命的离开，而这样的离开，有什么样的意义，我相信我们都会为了这个故事而感动。

当今社会，人们已经意识到了死亡教育的缺失，可是在学校教育中，教师还是鲜少涉足这个话题，也是我们平时忌讳的一个领域——关注死亡。其实，生与死，都是很平常的事，我的目的是希望孩子们能够通过这个故事，学会爱，认识最真诚的友谊，让爱的礼物在自己的周围传递。

《獾的礼物》，一本优美的绘本，一个略带感伤的故事，却能够给我们的内心带来温暖的感觉。故事讲述了对死亡的看法，讲述了死亡的过程，讲述了如何面对死亡，一个严肃的富于哲理的话题，被童话温暖地包裹着，很容易走进孩童的心里。

初读《獾的礼物》，我就深深地被这个故事所触动，故事中的獾是多么真诚善良，是其他动物最称职的朋友。对于獾的离去，作者描绘得十分美，充满了理想的意境，我认为这个故事的风格很适合小学生去阅读品味，能让孩子们对于死亡这一概念有一个初步的轮廓认知，而不会给他们增添对于死亡的恐惧。在故事中，獾的朋友们得知獾死亡的消息时，表现出的伤心，很让人感同身受。我也忍不住地开始忧愁，如果有一天我最好的朋友永远离开我，那么我该是什么样的心情，起初我没有答案，但看了这篇故事之后，有了些许的启发。

死亡这个命题，似乎距离孩子们的生活很遥远，它冰冷冰冷的，人们由于对死亡一无所知而心生恐惧，任谁都无法接受身边亲人和挚友的永别之痛，但阅读了这个故事之后，我们会收获良多。

在本堂课的教学中，我非常注重孩子们对于文字的品读，因为通过仔仔细细地品读文字部分，就能感受到故事中的人物情感，去体会其中的情感冲突。因此，我花费了大量时间，让孩子们分段朗读，逐句去体会作者想表达的含义。故事开头，结合文字与图片，学生会发现这是一只年龄很大的獾，他很老了，但他很喜欢与朋友分享快乐，他是一只积极乐观的獾，这样有温度的主人公会一下子拉近与读者的距离，让读者产生共情心理。随着故事的发展，学生必定会产生疑惑：獾是真的睡着了吗？答案当然是否定的。通过后面的故事情节，孩子们会发现，原来獾已经去世了，他永远地离开了自己的朋友们，朋友们也因为獾的去世而伤感万分。这时，我会进行提问：为什么獾的朋友们会如此伤心呢？引发同学们的思考，也结合自己的生活经验，去体会獾的朋友们的心情。学会共情，在学习语文时,往往会事半功倍。在这个过程中,也让学生明白,一个好的朋友,是自己拥有的最大的财富,朋友为你做过什么事情,付出过什么,而你又为朋友做过什么,抑或是付出什么,鼓励同学们勇敢地去思考和表达,去善于发现生活中的真善美。

除此之外,我也会结合儿童哲学的教学模式,把课堂交给学生,由孩子们把控话题方向,而我的作用仅仅是适当的引导和过渡。提出问题,请学生思考其中的关键信息,勇敢阐述自己的观点,再由其他同学"接棒",对前一位同学的观点进行再建设。有时,前面同学的观点会得到后续同学的赞同和支持,并不断地出现更多有力的论据进行补充支撑;也有时,某些观点会被否定,因为其他同学有截然不同的想法,互相辩驳,火花四溅……这样的课堂环境,充分调动了学生的积极性,激发了他们自主学习的内驱力,课堂不再是单一由教师主导,学生才是课堂的主人,他们就像是一个个小战士,全力为了自己的理想而战。

令我印象深刻的有两个环节。首先是提问学生:如果你们有一天也像獾一样,预感到自己即将离开,你会在这有限的时间里做什么?孩子们的回答充满童真,却是流露出了满满的真情实感,让我的内心也很有感触。有一位孩子说他会把自己珍藏的书籍和电影留给自己最好的朋友,因为他们志趣相投,就算自己不在了,也能与朋友进行灵魂上的交流,这实在是一位有思想的小朋友;还有一位同学说她会给朋友们录音留言,希望朋友们能够记住自己的声音,永远让朋友们记住自己最美好的样子,这也是一位善解人意、纯真的好孩子……同学们的发言五花八门、各式各样,但毫无疑问,他们都认认真真思考了这个问题,虽然他们现在年纪还小,但长大后的他们无法避免都会走到这一步,希望那时的他们都能优雅地去做自己想做的事。

另一个反响比较热烈的环节,是请同学们分享自己的身边有哪些爱的礼物。大家踊跃发言,我能够看到这群孩子们的善良和聪慧,他们能够很敏感地感知到别人对自己爱的付出,形式多样,有些是物质上的,有些是精神上的,他们都心知肚明。在此过程中,也培养了孩子们的感恩之心,让他们明白现在拥有的一切是多么的珍贵,作为受惠的一方,自己更要去好好珍惜,对别人对自己,都能问心无愧。

任何生命都有终点,如何坦然优雅面对,并不是一件易事。我们所能教给学生的,就是用一种积极乐观的态度去看待死亡,死亡也并不全是痛苦的、恐怖的,死亡也可以是优雅的、释然的，只要我们珍惜好自己现下的生活，努力认真对待每一天，尽力去完成自己想做的事情，不虚度光阴，不要给自己留下太多遗憾。反之，当我们到了必须离开的那一天，回望自己的一生，浑浑噩噩、虚度光阴，做事偷懒懈怠，导致自己的梦想都没有实现，想象一下，那是多么的懊悔和无助。

换位思考，如果我们是獾，他真诚善待每一位朋友，自然也不希望因为自己的去世而令他人伤心，他用了一种委婉的方式宣布了自己的即将离去，但他为朋友留下了很多美好的事物。在看完这个故事后，我请学生们思考生命的价值是否会受死亡的约束，答案是不一定。

"许多人过着无意义的生活。当他们忙于一些自认为重要的事情，则显得昏昏庸庸。因为他们在追求一种错误的东西。你要使生活有意义，你就得献身于爱，献身于你周围的群体，去创造一种能给你目标和意义的价值观。"爱是一切存在的意义，失去了爱，世界瞬间褪色，世间万物将失色，淡然无光。人际关系需要用爱去温润滋养，美好的品格可以用爱去传递。

面对课堂上这群年幼的小学生，我知道有些道理他们必然不能全然理解，我不意外，但希望有了这堂课的铺垫，在他们未来的人生道路里，可以尽量平静地看待离别与死亡，能够乐观开朗，拥有快速调整自己的能力。我相信孩子们长大之后，能够同时拥有爱与被爱的能力和幸运，爱能治愈一切。

只要心中有爱，身边有爱，死亡就不会是终点，因为爱不会消亡……

《爷爷变成了幽灵》教学设计

上海市三灶学校　朱佳仪

【教学目标】

1. 通过看图画、读故事，讨论、思考、理解故事内容。

2. 培养对图画的观察能力、对文字中情感的感知能力、语言表达能力和独立的思想。

3. 懂得珍惜美好的情感记忆，了解面对死亡的正确态度，感受亲情的力量。

【教学过程】

一、观察封面，激发兴趣

师：同学们好，今天老师给大家带来了一本有图片的故事书，我们可以把它叫作绘本。你想知道它给大家带来了什么故事吗？请一起来看看它的封面吧！

生：它要给我们讲的故事是《爷爷变成了幽灵》。

师：你真棒，在它的封面上还有其他信息吗？

生1：我看到了这个故事的作者是丹麦的金·弗珀兹·艾克松。

生2：我看到了图片是爱娃·艾瑞克松画的。

师：看来你们对文字信息都很敏锐啊，那有没有同学看到了封面上的图片呢？你能不能来说说这张图片上小男孩和爷爷的动作、表情是怎么样的？

生：这张图片上爷爷在穿过墙壁，小男孩却一点也不害怕！还有点开心！

师：你观察得真仔细，爷爷能穿过墙壁是因为他变成了幽灵，小男孩却很开心，你是不是有点疑惑呢？爷爷变成幽灵之后会发生些什么神奇的事呢？爷爷会一直成为幽灵吗？就让我们带着这些问题一起走进今天的故事吧！

二、了解故事，感知亲情

1. 故事：有一个小男孩名叫艾斯本，他最喜欢的就是爷爷霍尔格了。可是，他再也没有爷爷了。爷爷死了。他突然倒在大街上，因为心脏病发作。艾斯本伤心极了，趴在桌上，哭个不停。妈妈坐在艾斯本的床头，轻声说："爷爷去天堂了。"……"爷爷变成了天使。"葬礼上，爸爸告诉艾斯本，爷爷会变成泥土。可是，艾斯本怎么也想象不出爷爷变成泥土的样子。

师:同学们,这个故事的主人翁是谁?
生:是艾斯本和艾斯本的爷爷。
师:爷爷去世了,艾斯本很伤心,有的同学是不是也有类似的经历?老师相信你们对艾斯本一定有些感同身受。你们来猜猜艾斯本的爷爷最后变成了什么?
生:爷爷变成了幽灵!

2. 故事:爷爷回来了。"哇塞,爷爷!你真的变成了一个幽灵,这太好玩儿啦!"艾斯本觉得这太神奇,太不可思议了,可是爷爷却很沮丧,他说:"我本不该在这里……这种感觉真是让人心神不定呢!"

师:爷爷变成了幽灵,幽灵在我们印象里有些可怕,艾斯本的反应是怎么样的?你有没有什么小问题?
生1:艾斯本觉得神奇和不可思议。
生2:艾斯本为什么不觉得害怕?
生3:因为那是爷爷变成的幽灵,他一定很爱爷爷!
师:你们说的真好,艾斯本一定很爱他爷爷,爷爷也一定很爱他,所以艾斯本才不害怕!那爷爷在想什么才会心神不定呢?让我们看下去!

3. 故事:爷爷入迷地读着那本关于幽灵的书,书上说,如果一个人在世的时候忘了做一件事,他就会变成幽灵。"忘记了什么事呢?"

师:请同学们猜猜看,爷爷忘记了什么?
生1:可能是忘记了拿什么东西。
生2:可能忘记做什么事情了!
……

4. 故事:于是,艾斯本就和爷爷一起去寻找,寻回爷爷忘记的事。他们来到了爷爷过去的家。爷爷想起了很多的事,从小到老的事情。

师：听了故事再来看看图片，这些事带给你们什么样的感受呢？
生1：我看到了爷爷从小到老丰富的人生过程。
生2：我感受到了爷爷的幸福、快乐。
师：是啊，爷爷的人生很幸福，那他到底忘记了什么呢？

5. 故事："那件事就在我们的眼皮底下，是和你有关系的一件事。"
艾斯本想了很多很多关于他和爷爷的一切。爷爷带他去游乐场、踢球踢坏了爷爷的郁金香、一起看赛车、一起看无聊电影打呼噜睡着了、钓鱼、挠痒痒……

师：这时看到这样的图片，你们感受到了什么呢？
生：爷爷和艾斯本一起特别开心、特别幸福。
师：那这件和艾斯本有关的事情会是什么？
生1：我觉得可能是爷爷放心不下艾斯本！担心他！
生2：我觉得可能是爷爷舍不得离开艾斯本！
师：我觉得你们说的都很有道理，那让我们接着看看！

6. 故事："我想起来了，我想起来我忘记什么事情了。"爷爷说着，不再笑了，"我忘记对你说再见了，我的小艾斯本。"爷爷和艾斯本都哭了。……最后爷爷穿过墙壁走了，走进花园，走到了马路上。艾斯本站在窗口挥手。他目送着爷爷消失在了黑暗中，不见了。

师：同学们，爷爷忘记了什么？
生：爷爷忘记了和艾斯本告别。
师：你有什么感受？
生：我觉得爷爷和艾斯本都很舍不得对方，我有点为他们难过。
师：爷爷还会再回来吗？爷爷走了之后，艾斯本会怎么做呢？心情怎样？
生：爷爷不会回来了，艾斯本哭了，他很难过，但是他还是和爷爷告别了。
师：你们总结的真好！艾斯本接下来做什么了呢？

7. 故事："好了。"他舒了一口气，爬到了床上。"我想明天我可以去幼儿园了。"

师：同学们，艾斯本为什么又可以去上学了呢？
生1：他的梦醒过来了！
生2：他和爷爷告别了！不再很难过了，可以去上学了

三、关注细节，深思生命

1. 爷爷变成幽灵，和讲述回忆中的爷爷的画面有什么不同呢？出示图片对比，引导学生关注爷爷的表情。
生1：爷爷是幽灵，身体笼罩在光圈之中，表情有点哀怨和慌张。
生2：回忆中的爷爷却更加真实温暖，慈祥有爱。

2. 亲人死去是可怕、慌张、悲恸的，可当你看完这个故事，你还觉得爷爷变成了幽灵可怕吗？这本书给你留下最深的印象是什么呢？（讨论）
生1：爷爷变成的幽灵不可怕。
生2：死是一件很平常的事情，重要的是要记住那些美好的回忆。

3. 人死了，真的变成幽灵吗？还会说再见吗？这只是艾斯本的一个梦，那作者要表达的是什么呢？（自由发言）
生：亲人死去并不可怕，要学会和他们告别，有爱和美好的回忆，时不时地想起他们，把他们放在心中。

4. 总结：有一名导演曾说过这样一段话，他说："死亡是生命中的一部分，人们总是忽视它的存在，不敢相信。但有一点很明确，就是我们都要面对它、经历它。这个既残酷又很有力量的现实，我很自豪我们从来没有隐藏过它。"我想，在看完这个故事后，我们也应该有所感受，亲人的离开往往会让我们久久不能释怀，但死亡是一件很平常的事情，每一个人都要经历生老病死，死亡并不可怕，重要的是爱的人一直在我们心中。在和他们告别的同时，也要好好珍惜身边的每个人！

四、拓展阅读、理解主题

推荐阅读其他关于死亡的图画书《长大做个好爷爷》和《祝你生日快乐》。

【板书设计】

　　　　　　　爷爷变成了幽灵　　绘本

艾斯本

　　　　　　　　　　回忆　　告别

爷爷

【教学反思】

　　《寻梦环游记》的导演曾说过这样一段话，他说："死亡是生命中的一部分，人们总是忽视它的存在，不敢相信。但有一点很明确，就是我们都要面对它、经历它。这个既残酷又很有力量的现实，我很自豪我们从来没有隐藏过它。"我选择《爷爷变成了幽灵》这本绘本，就是因为在教育生命这个主题中，死亡似乎一直是我们比较回避的问题，但在孩子的成长中，又不得不经历这一课，绘本很好地点破了这一点，并教会孩子用心感知亲情的美好、大方告别离开的亲人以及要用正确的态度面对死亡。

　　在课前，针对死亡这一有些沉重、深沉却又平常的话题，我看了很多电影、文字资料，在深入了解的同时，也对《爷爷变成了幽灵》这一绘本进行了深入详细的研读，死亡主题虽深沉但绘本却将这个主题变得更加贴近孩子，图文并茂的方式让学生更能具体形象地了解这个故事，有助于让学生们身临其境、感同身受。为让学生们可以理解其中情感，我通过让学生进行观察、引导设疑等方式帮助学生仔细阅读绘本，在学生保持着对读故事兴趣的同时，引发思考，培养学生的独立思维、观察能力和表达能力，让学生们在感知亲情美好的同时，不回避死亡这一主题。

　　在教学过程中，我先以观察封面为第一环节，引导学生了解作者、观察封面，通过封面联想故事、带入疑问，以学生们的想象力和好奇心激发学生对绘本故事的兴趣。而后带领学生通过分段赏析的方式对《爷爷变成了幽灵》这一绘本进行仔细阅读，在每一段的阅读中，我注重启迪学生的思维能力，让学生们学会提问、有机会表达自己的想法、自由阐述观点，建立一个以学生为本的课堂。在阅读绘本的同时，我也鼓励学生分享自己的经历，让课堂内容更加丰富多彩，也启发学生们感知亲情的美好，从而对死亡这一话题有更生活化、更平常化的感受。除了阅读故事外，我也注重让孩子们通过观察图片中的环境、人物、表情、动作等，在培养学生观察能力的同时，让学生身临其境地阅读绘本，从而对绘本中的主题等有更多更深刻的认识。

在分段赏析了解故事，学生有了初步感知后，引导学生通过整篇中的细节进行发现和讨论，明确死亡这一主题，并允许学生们自由发言，表达自己的经历、想法，在倾听、讨论、总结中明确正确面对死亡的态度，从而升华课堂。而作为教师在整节课中以引导为主，尊重、鼓励学生表达自己的观点，让学生更能接受最后的结论，并对死亡有自己正确的认识，以平常心学会告别和接受亲人的死亡，以及更重要的是要珍惜当下身边的亲人们。

在整堂课中，自由发言的比例占据了不少，在进行教学设计时，总是有很多担忧，一怕学生沉默不发言，导致大量的课堂空白，又怕孩子们的表达欲望过于强烈，导致时间不够。但让我惊喜的是，比起平时课堂上的沉默，学生们面对绘本阅读的发言变得更加自信、更有个性、更主观，各放异彩，整节课中也涌现了不少精彩的发言。比如小张同学分享自己的经历，说知道最爱自己的外公去世时，她真的很难过，和艾斯本一样，她觉得外公也会变成幽灵，会一直保护她，只是她看不见他。比如小吕同学说，读了艾斯本的故事，他想到自己总会长大，他很害怕爸爸妈妈离开他，他现在就要对爸爸妈妈很好很好。比如小游同学说，很小的时候妈妈的爷爷去世时，她不懂妈妈的伤心，直到后来自己的爷爷去世了，她才能体会妈妈的难过，但看了今天的故事，她知道了要和爷爷告别，自己会不再让爷爷担心，还要照顾爸爸妈妈……听完孩子的发言，我深觉孩子们对亲情的感受是非常敏感丰富的，原本在我眼里还是调皮捣蛋的孩子，但他们对爱、对亲情其实都心怀感恩，并有着最单纯美好的心愿。这堂绘本课，也打开了孩子们的内心，让学生们有机会抒发自己心中的情感，也让身为老师的我和他们变得更加贴近、更能感受孩子们的天真善良。

一直以为死亡这个话题是如此深沉，在面对小孩子时，我们总会以各种各样的理由帮助孩子们回避这个话题，比如"奶奶变成了天上的星星""爷爷出去旅游了要很久才能回来"……但其实孩子们对死亡早已有了初步的认知，对他们而言，死亡就好像是再也见不到一个人，面对至亲的离世，他们往往难以接受，想着像以往一样耍赖求情，就可以再次见到亲人，可死亡是无法逆转的，是不得不、也一定要做的告别，当孩子们明白了这是一件平常而不得不接受的事情时，他们会慢慢有自己的感受，慢慢接受，慢慢学会告别。

"死亡并不是真正的逝去，遗忘才是。"绘本中，艾斯本和爷爷一起回忆了爷爷的一生以及两个人的幸福经历，在此后爷爷才想起忘记和艾斯本告别，其实在这里也在传达一种信息：死亡并不可怕，我爱的人一直在我心中。所以在引导孩子们树立面对死亡的正确态度时，感知亲情也很重要，在面对亲人的死亡时，难过也是非常正常的情感，我们要学会抒发自己的感情，保留和亲人的美好回忆，勇敢地告别。

"树欲静而风不止，子欲养而亲不待。"正是因为死亡的平常和不可逆转，才更要引导学生学会珍惜身边的亲人、朋友，不留下遗憾和懊悔。

在课后，我对本课的教学也进行了反思，我认为本课的一大亮点在于自由发言的设计，学生表达的积极性非常高，也涌现了许多精彩的发言。但在自由发言的设计上，我认为可以再细致一些，将发言的主题和要求更详细更明确，可以通过PPT展示要求，避免学生一些偏题的表述。而针对学生一些精彩的发言，也可以通过纸条等形式记录下来，在班级留言板中进行交流分享，引导学生以此途径抒发自己的情感，表达自己的看法，并以同龄人的观点为慰藉，拉近学生之间的关系。此外我认为这堂课中我的教学形式过于单一了，绘本是图文并茂的故事，在这样的故事中，我认为可以添加一些小组表演等环节，丰富课堂内容，也可以把死亡这个沉重的主题变得更平常。在升华主题，由学会告别到珍惜身边人时，也可以将珍惜身边人的做法进行扩展讨论，让学生们从死亡较为深沉抽象的话题回到现实身边的小事上，让孩子们有具体的收获。

《爷爷变成了幽灵》这一绘本以生命的死亡为主题，贴近学生的思维和情感。作为教师，在教育学生的同时，也被学生们敏感丰富的内心感受所震撼着，也看到了学生们各不相同的观点和想法，绘本教学的魅力可能就在于此，所谓教学相长。我想在以后的课堂中，我会更乐于给学生表达自己想法的机会，让孩子们有机会表达、学会表达。

专 家 寄 语

儿童哲学所涉及的主题非常多，生命则是人类永恒的主题。学生们亲历了新冠疫情对人类生命的影响，三灶学校选择生命这一主题来切入，具有很强的现实意义。生命是宏大的主题，它涵盖了人类从出生到死亡的整个过程和这一过程中所涉及的各个方面，既关乎人的生存与生活，也关乎人的成长与发展，更关乎人的本性与价值。倘若用一般性的方式进行生命教育，易流于空洞与说教，而绘本能借助图画、故事、色彩在潜移默化中引导儿童关注与思考生命的真谛，深奥的生命教育由此可以让教师教得顺手、学生学得容易。从小学一年级到五年级，用不同层级的绘本，启发学生认识生命的起源、成长、高峰、衰落与死亡，引导儿童学会认识自己、悦纳自己，面对并接受生命的成长与消亡。这是对生命的教育，是为了生命的教育，也是立于生命的教育。

——华东师范大学教育学部教授、博士生导师　马和民

哲学是认识世界和人本身的学科，是一种高深的学问，因而哲学家一向都是被人们所敬仰的学者。在儿童期向孩子们传授哲学的概念是有很大难度的，因为哲学比较深奥，其概念又很抽象，没有直观性，难以把握。而哲学从娃娃开始教起却有着重要的现实意义，对他们尽早形成正确的人生观、价值观和世界观具有不容低估的作用。上海市三灶学校以金育宏校长领衔的研究团队以哲学绘本的形式对小学生进行哲学教学是很有意义的一项具有开创性的研究工作，在国内并不多见。该研究方案着眼于对不同年级的小学生开展各种生命主题的教育，这既具有可行性，因为符合儿童心理发展的基本规律，又有一定的前瞻性，因为我们的教育不是简单顺从儿童的发展，还需要引领。绘本是小学儿童喜闻乐见的一种形式，具有直观性和趣味性，用这样的方式去进入哲学领域是非常合适的。中国的教育需要进行各种深层次的探索，我认为三灶学校"基于绘本的儿童哲学教育课程在我校的开发与实施的研究"是一项很值得开展

的研究。

——华东师范大学心理与认知科学学院教授、博士生导师　陈国鹏

做儿童哲学,师生、生生的互动现场是最动人的,在三灶学校的《爱心树》儿童哲学热身课堂中,又一次再现了儿童哲学这一精神家园的魅力。每一个孩子都能自心出发,给自己命名,并敢于将最真的自己和有关的经验分享出来供大家思考;他们结合象限图能提出大量的开放性问题,不怕表露自己的无知,对文本和生活世界充满好奇,并在一起思考中建构日常经验的意义!学校支持儿童哲学,教师和孩子在这样的支持中能构建身体、智力与情感的安心思考教室,一起思考具有多种可能性的世界,树立面向不确定未来的信心!平和倾听与相互友爱,真诚表达与投入思考,不仅利于孩子的幸福童年,也利于教师面向孩子的谦虚与悦纳生活的包容,希望三灶学校能继续将儿童哲学精神融入课堂和校园的文化中去,塑造具有独立思考与协作创造能力的未来公民!

——华东师范大学教育学部、华东师范大学中国智慧研究院哲学教育研修中心副主任　古秀蓉